Sabine Pauli | Dorothe Romer

Emilyx und Liox gehen in die Schule

Kringeln und Kritzeln für lockere Schreibbewegungen
Das Übungsprogramm für Therapie und Pädagogik

Wir widmen dieses Programm unseren Enkel*innen Emily, Lio, Alma, Lotte, Mila, Jonah, Lino und Emilian, die uns stets inspirieren und daran erinnern, wie schön es ist, Kinder aufwachsen zu sehen und zu unterstützen.

Sabine Pauli | Dorothe Romer

Emilyx und Liox gehen in die Schule

Kringeln und Kritzeln für lockere Schreibbewegungen
Das Übungsprogramm für Therapie und Pädagogik

verlag modernes lernen

Unser Buch-Shop im Internet
www.verlag-modernes-lernen.de

Externe Links
Der Verlag weist ausdrücklich darauf hin, dass eventuell im Text enthaltene externe Links vom Verlag nur bis zum Zeitpunkt der Buchveröffentlichung eingesehen werden konnten. Auf spätere Veränderungen hat der Verlag keinerlei Einfluss. Eine Haftung des Verlages ist daher ausgeschlossen

Herzlichen Dank an:	Die Grundschullehrerin Elisabeth Sekul für einen Schulversuch im Vorfeld Sara Straub für die Durchsicht der Texte Dr. Christian Marquardt für sein Geleitwort
Text:	Sabine Pauli
Konzept Übungsblätter:	Sabine Pauli
Illustrationen:	Dorothe Romer / Sabine Pauli

Online-Material zu diesem Buch
So einfach geht's
- Materialseite **verlag-modernes-lernen.de/buecher/online-material** aufrufen
- Buchcode eingeben und Download starten

Ihr Buchcode: **d72f955c**

Veröffentlicht in der Edition:
verlag modernes lernen Borgmann GmbH & Co. KG | Schleefstraße 14 | D-44287 Dortmund

Gesamtherstellung in Deutschland: Löer Druck GmbH, Dortmund

Bestell-Nr. 1620 ISBN 978-3-8080-0903-1

Inhalt

Geleitwort von Dr. Christian Marquardt

Die große Bedeutung der zunächst einfach erscheinenden Kritzel- und Kringelübungen kann nur dann verstanden werden, wenn wir die Hintergründe von gutem und routiniertem Schreiben etwas genauer ausleuchten. „Schreiben ist Bewegung“ – Für erwachsene Schreiber leuchtet das sofort ein, aber bei Kindern sieht das etwas anders aus. Man geht eher davon aus, dass das Schreiben zunächst über die korrekt produzierte Buchstabenform gelernt werden muss. Natürlich spielt die Lesbarkeit eines Buchstabens auch bei Kindern immer eine wichtige Rolle, aber warum soll es beim Schreibenlernen anders sein als beim Bewegungslernen generell? Die Wissenschaft erklärt uns, dass motorisches Lernen die schrittweise und **gleichzeitige** Verbesserung von Form und Effizienz einer Bewegung ist. Wird diese Systematik gerade bei Kindern mit Schreibproblemen wirklich genügend verstanden?

Das von uns seit Beginn der 1990er Jahre am EKN (Entwicklungsgruppe klinische Neuropsychologie) in München unter Leitung von Prof. Mai entwickelte Computerprogramm CSWin erlaubt einen detaillierten Einblick in die Tiefenstruktur des Schreibens, aber auch des Schreibenlernens. Es konnte gezeigt werden, dass Schreibprobleme von Kindern vor allem Probleme der Schreibmotorik sind. Die Hand ist oftmals verkrampft, wird zu langsam und ohne Bewegungsfluss bewegt. Eine Umfrage des Schreibmotorik Instituts (STEP, 2019) ergab, dass 33% der Mädchen und sogar 50% der Jungen signifikante Probleme mit dem Erwerb einer flüssigen und lesbaren Handschrift haben. Die Ursache dieser Schreibprobleme muss aber nicht zwangsläufig ein generelles Problem mit der Feinmotorik von Hand und Fingern sein. Eine Studie (Sattler & Marquardt, 2010), bei der Kinder von der Einschulung bis Ende der 4. Klasse begleitet wurden, ergab, dass die meisten Kinder ausreichende motorische Kompetenzen bei Grundbewegungen aus Hand und Fingern hatten, sie aber nur unzureichend beim Schreiben von Buchstaben einsetzen konnten. Es wurde geschlussfolgert, dass eine übermäßige Beachtung der genauen Buchstabenform die gleichzeitige Entwicklung der Bewegungseffizienz stark behindern kann. Diese Erkenntnis hat weitreichende Implikationen für das Verständnis von Schreibproblemen.

Der Fokus beim Schreibenlernen in der Schule richtet sich zu Beginn vor allem auf die korrekte Buchstabenform. Das Verständnis der Buchstaben und deren eindeutige Unterscheidbarkeit sind natürlich das Fundament des Lese-Schreiberwerbs, aber das Erlernen von geeigneter Schreibmotorik ist eigentlich eine andere Baustelle. Schreiben beruht auf Bewegung, aber beim zeitlupenartigen Kopieren der korrekten Buchstabenformen entsteht kaum oder gar kein Bewegungserlebnis. Durch dieses stereotype Wiederholen wird außerdem das Lernsystem im Gehirn kaum angeregt. Studien aus der neuropsychologischen Forschung zeigen, dass der für das Lernen wichtige Hippocampus besonders bei kreativem Ausprobieren und bei der Variation aktiviert wird. Das entspricht genau den wissenschaftlichen Lernmodellen, in denen die Lernphase als wiederholtes Ausprobieren von Lösungen beschrieben wird, und nicht als die langsame Wiederholung einer vorgegebenen Lösung. In diesem Sinne führt erst der vielfache wiederholte Versuch, Formen und Buchstaben mit einem entsprechenden Bewegungserlebnis zu verbinden, zu einem erfolgreichen Schreibenlernen. Das perfekte Schreiben steht dann nicht am Anfang, sondern ist das Ergebnis des Lernprozesses.

Diese längere Einführung war nötig um zu verdeutlichen, warum Materialien wie dieses Buch so hilfreich sind, um über das Bewegungserlebnis beim Spuren mit einem Stift die Feinmotorik und die Bewegungskompetenz zu fördern, und Kinder so systematisch an eine flüssige und koordinierte Schreibmotorik heranzuführen. Einen solchen Ansatz haben wir auch in unserem Ratgeber „Schreibtraining in der neuropsychologischen Rehabilitation“ von Mai und Marquardt (1998) verfolgt. Es macht viel Sinn, sich beim Üben von Feinmotorik auch vom Buchstaben zu lösen und ähnliche Bewegungen mit Hand und Fingern, oder Grundbewegungen der Schrift, zu trainieren.

Die in diesem Buch vorgestellten Übungen sind ein wichtiger und oftmals unterschätzter Beitrag zur Unterstützung des Lernens von koordinierten Hand- / Finger-Bewegungen. Auch ein Kringel erfordert Koordination von Hand und Fingern, und je besser diese Koordination funktioniert, desto besser gelingt auch die gleichmäßige Form. Bei diesen „bedeutungslosen“ oder buchstabenähnlichen Formen fällt es Kindern viel leichter, die Hand „locker“ zu lassen, ein Bewegungserlebnis zu erzeugen, zu variieren, die eigene Kreativität und Individualität einzubringen, mit „allen Sinnen“ zu schreiben - alles wichtige Beiträge zu einem erfolgreichen Lernprozess.

Diese Bewegungskompetenz kann dann im Transfer wieder genutzt werden, wenn es um das Schreiben von Buchstaben geht, nicht von Beginn an perfekt, aber gemäß den Richtlinien der Lehrpläne auf dem Weg zu einer flüssigen, lesbaren und ermüdungsfreien Handschrift.

Dr. Christian Marquardt, im Juni 2021

Literatur

Mai, Norbert; Marquardt, Christian (1995): Schreibtraining in der neurologischen Rehabilitation. EKN- Materialien für die Rehabilitation. München, Verlag MedCom (im Nachdruck).

Sattler, Barbara; Marquardt, Christian (2010): Motorische Schreibleistung von linkshändigen und rechtshändigen Kindern in der 1. bis 4. Grundschulklasse. Et Reha 49, Nr. 1 und 2.

STEP-Studie des Schreibmotorik Instituts (Sept. 2018 – Jan. 2019) in Kooperation mit dem VBE. https://www.vbe.de/fileadmin/user_upload/VBE/Service/Meinungsumfragen/2019-04-04_Ergebnisse_STEP_Studie_2019.pdf. Abgerufen am 10.06.2021.

Vorwort

Schreiben fällt vielen Kindern zunehmend schwer. Außer kognitiven und sprachlichen Fähigkeiten setzt das Schreiben gut koordinierte Bewegungen von Fingern, Hand und Arm voraus. Zudem ist eine ergonomische Stifthaltung für die lockere, dynamische Stiftführung erforderlich, damit Schreiben leichtfällt und im besten Fall sogar Freude macht.
Dazu möchten wir mit diesem Programm beitragen.

Eines der Probleme unserer Zeit ist, dass manche Kinder im Vorschulalter und darüber hinaus recht wenige Möglichkeiten haben, sich fein- und grafomotorisch zu betätigen. So fehlen ihnen die Beweglichkeit, Geschicklichkeit und viele Vorerfahrungen, um beim Schuleintritt, in der zur Verfügung stehenden Zeit, mit Stiften adäquat zu arbeiten.

Grundschullehrer*innen beklagen häufig, dass ein recht großer Anteil ihrer Schüler*innen Schwierigkeiten mit der Schreibmotorik haben. Diese beginnen bereits beim Erlernen der Druckschrift. Kommt dann eine der verbundenen Schulschriften hinzu, wird das Schreiben zunehmend zu einem frustrierenden Erleben. Trotz großer Bemühungen schreiben die Kinder zu langsam, ihre Schrift ist schlecht zu lesen und sie verkrampfen sich zunehmend.

Dieser Verkrampfung muss während des Schreibenlernens unbedingt durch Beweglichkeits- und Dynamisierungsübungen entgegenarbeitet werden, ansonsten bleibt diese u. U. während der gesamten Grundschulzeit und darüber hinaus bestehen.

In den ersten beiden Schulklassen fällt das Schreibproblem noch nicht so stark auf; die Hoffnung ist, dass sich das Problem mit einiger Übung von selbst legt. Wenn aber ab der dritten Klasse die Schreibmenge und das Tempo zunehmen, sind hochautomatisierte, schnelle Bewegungsabläufe erforderlich und das Schreiben sollte ohne Mühe und größeres Nachdenken ablaufen.

Manche Kinder sind mit ihrer motorischen Schreibleistung so beschäftigt, dass sie sich nicht gleichzeitig auf Lerninhalte konzentrieren können. Durch Überforderung schwindet dann schnell die Lust am Schreiben und bei einigen Kindern entsteht durch Misserfolge, Leistungsdruck und durch den Vergleich mit den Mitschülern eine massive Vermeidungshaltung. Sie schreiben zum Beispiel im Unterricht kaum mit, notieren sich ihre Hausaufgaben nicht oder schreiben bei Aufsätzen nur das Nötigste.

Eltern wollen ihren Kindern helfen, haben aber häufig nicht die fachlichen Kompetenzen, um sie zielgerichtet zu unterstützen.

Lehrer*innen sind mit ihren vielfältigen Aufgaben oftmals stark gefordert und können nicht immer auf individuelle Probleme eingehen, sodass Schreibstörungen zuweilen auch übersehen werden.

Bei Kindern mit erheblichen Schwierigkeiten ist eine gezielte Ergotherapie erforderlich, die die Anleitung der Eltern einschließt und unbedingt in engem inhaltlichem Zusammenhang mit dem Verlauf des Schreiblernprozesses stattfinden sollte.

In meiner jahrzehntelangen ergotherapeutischen Arbeit mit Kindern, die fein-, grafo- und schreibmotorische Auffälligkeiten hatten, sind mir viele Kinder begegnet, die bereits beim Schreibenlernen oder auch später, teilweise bis in die höheren Schulklassen, Unterstützung brauchten. Erfreulich war, dass durch gezieltes Üben, nach eingehender Klärung der Ursachen für das Schreibproblem, stets große Fortschritte sichtbar wurden. Auch während meiner Fortbildungstätigkeit konnte ich mich mit vielen Eltern, Pädagog*innen und Therapeut*innen austauschen, um so einen breiten Überblick über die vielfältigen Aspekte und Anforderungen beim Schreiben zu erlangen.

Bei den Vorbereitungen zu meinen eigenen Fortbildungen und dem Erstellen meiner Fachbücher und Übungsmaterialien profitierte ich von Fachliteratur, die mir den Blick in die unterschiedlichsten Fachgebiete ermöglichte, welche mit dem Thema Schrift und Schreiben zusammenhängen.

Besondere Bedeutung hatte dabei die Forschungs- und Entwicklungsarbeit von Dr. Christian Marquardt, der in Zusammenarbeit mit weiteren Experten die Grundlagen des Schreibens erforschte und als einer der ersten Experten ein Computerprogramm entwickelte, mit dem die Motorik beim Schreiben analysiert werden kann.

Während der intensiven fachlichen Zusammenarbeit mit der Legasthenie-Therapeutin Dorothe Romer gab es immer wieder die Beobachtung, dass viele Kinder zusätzlich zu ihren Lese- Rechtschreibschwierigkeiten große schreibmotorische Probleme haben, die ihre schriftsprachlichen Ausdrucksmöglichkeiten massiv beeinträchtigen. Um Schwierigkeiten und negative Rückmeldungen wegen unleserlicher Schrift zu vermeiden, antworten sie zum Beispiel auf schriftliche Fragen nur äußerst knapp und verfassen in allen Fächern Texte so kurz wie möglich. Somit bleiben sie insgesamt in schriftlichen Aufgaben weit unter ihrem sprachlichen Niveau.

Für eine erfolgreiche Legasthenie-Therapie ist eine flüssige, dynamische Schreibmotorik ein wichtiger Baustein. So sind Kinder mit zusätzlichen schreibmotorischen Schwierigkeiten häufig überfordert, weil sie Ihre Aufmerksamkeit gleichzeitig auf die Rechtschreibregeln und das Schreiben an sich lenken müssen. Es ist wichtig, dass Lehrer*innen und auch Legasthenie-Therapeut*innen diesen Zusammenhang erkennen und Kinder mit Lese- Rechtschreibschwächen im Bereich der Schreibmotorik zielgerichtet fördern oder rechtzeitig an Experten weiterleiten.

Um diese Kinder umfassend zu unterstützen, suchten wir gemeinsam interdisziplinäre Ansätze und passende Materialien.

Daraus entstand die Idee, zusammen das Programm zum „Kringeln und Kritzeln für lockere Schreibbewegungen“ zu erstellen.

Wir hoffen, dass viele Kinder davon profitieren und mit spielerischer Freude und Leichtigkeit zu mehr Beweglichkeit und Dynamik beim Schreiben gelangen.

Sabine Pauli und Dorothe Romer

1. Einführung

Unser Übungsprogramm ist vorwiegend für Kinder ab Ende der ersten Klasse geeignet, lässt sich aber auch bereits nach dem Schuleintritt und während der gesamten Grundschulzeit einsetzen.

Es richtet sich an alle Fachkräfte, die das Schreibenlernen von Kindern begleiten. Lehrer*innen, Ergotherapeut*innen oder Legasthenie-Therapeut*innen, aber auch Eltern können das Programm mit ihren Kindern durchführen.

Die Übungen tragen dazu bei, dass Kinder, die mit einer verkrampften Stifthaltung schreiben, zunehmend lockere, leichte Schreibbewegungen ausführen und somit ohne Anstrengung dynamisch und ausdauernd schreiben können.

Das Programm enthält bewusst keine Buchstabenformen, damit sich die Kinder komplett auf die Bewegungsabläufe konzentrieren können. Es kann parallel zum Schreib- oder sonstigen Unterricht mit einzelnen Kindern, aber auch in Kleingruppen oder mit der ganzen Klasse durchgeführt werden.

Ergotherapeut*innen, die Kinder mit grafo- und schreibmotorischem Förderbedarf behandeln, können die Übungen in der Therapie einsetzen und / oder den Kindern zur Vertiefung ihrer Therapieinhalte nach Hause mitgeben.

Wenn sich Schwierigkeiten beim Schreiben dauerhaft zeigen und den Schulerfolg beeinträchtigen, ist innerhalb einer Ergotherapie oder einer anderen therapeutischen oder pädagogischen Förderung oder Beratung eine gründliche Befunderhebung mit Analyse der Schreibprobleme erforderlich. Hierzu wurde von Sabine Pauli und Andrea Kisch der RAVEK S (Ravensburger Erhebungsbogen grafo- und schreibmotorischer Auffälligkeiten) erstellt. Der Erhebungsbogen zum Download sowie Erläuterungen zur Durchführung und Interpretation der Beobachtungen enthält das Buch „Schreibstörungen bei Kindern erkennen und behandeln", verlag modernes lernen, Bestell- Nr. 1095.

Kringeln und Kritzeln

Auf sämtlichen Übungsblättern werden mit Stiften kleinräumige Formen und Muster locker, leicht und ohne Druck in häufiger Wiederholung gezeichnet. Dieses Kringeln und Kritzeln fördert die Beweglichkeit der Finger bei der Stiftführung und ermöglicht damit, flüssige, dynamische und zunehmend rhythmische Schreibbewegungen auszuführen. Diese bilden eine wichtige Grundlage zum ausdauernden, unangestrengten Schreiben.

Der Begriff **„kringeln"** stammt ursprünglich vom mittelhochdeutschen Wort „Kringel". Dies bedeutet „ein kleiner, nicht exakt gezeichneter Kreis / ein kleines, ringförmiges Gebilde oder Gebäck". (Quelle: Duden)

Der Begriff **„kritzeln"** leitet sich von folgender, wenig schmeichelhaften Bedeutung ab: „Etwas in kurzer Zeit und mit schlechter Qualität *schreiben, malen* oder *zeichnen*". Ursprünglich steckt das mittelhochdeutsche Wort „kratzen" dahinter und auch das „Kratzen der Schreibfeder auf dem Papier" wird als Wortquelle genannt. (Quelle: Duden)

Besser sieht es schon bei der umgangssprachlichen Umsetzung des Begriffs aus: Da „sitzen z. B. Jugendliche gemütlich am Küchentisch und kritzeln stundenlang wahre Kunstwerke". Oder „ein Illustrator geht mit seinem Skizzenbuch ans Meer und beginnt zu kritzeln. Es entstehen großartige Landschaftsbilder". (Quelle: Duden)

Viele Menschen kennen die Freude am Kringeln und Kritzeln mit Stiften im Alltag. Wenn sie am Tisch sitzen und ein Papier vor sich haben, um z. B. von einem Gespräch Notizen zu machen, gehen einige dazu über, das Papier mit frei erfundenen Kritzelbildern zu verzieren. Manch einer gibt an, sich dadurch besser konzentrieren, eine entstehende motorische Unruhe besser beherrschen zu können oder einfach Spaß daran zu haben. „Aufmerksamkeit wird durch Kritzeln beim Zuhören, z. B. beim Telefonieren oder beim Hören einer Vorlesung, stabilisiert“. (Quelle: Jackie Andrade, Universität Plymonth)

„Bei monotonen Außenreizen tendiert der Geist zum Abschweifen. Hält man sein Gehirn ein bisschen beschäftigt, z. B. mit dem sogenannten „Nebenbeikritzeln“, ist es einfacher, bei der Sache zu bleiben“. (Quelle: Kunsthistoriker Ernst Gombrich)

Wir möchten die Freude am Kringeln und Kritzeln nutzen, um Kinder vor dauerhafter Verkrampfung beim Schreiben zu schützen und ihnen das Schreiben erleichtern.

Beweglichkeit der Finger

Die Beweglichkeit der Finger ist bei den meisten Kindern vor dem Schuleintritt beim spontanen Malen und Zeichnen vorhanden. Wenn jedoch das exakte Schreiben von Buchstaben und Zahlen in der Schule beginnt, erhöhen fast alle Kinder den Druck auf Stift und Papier und viele zeigen zunächst eine verkrampfte Stifthaltung mit eingeschränkter Beweglichkeit der Finger. Das ist eine normale Erscheinung beim Schreibenlernen von Buchstaben / Zahlen mit den neu zu lernenden kleinräumigen, komplexen Bewegungsabläufen. Wenn sich jedoch die verkrampfte Stifthaltung im Laufe des Schreibenlernens nicht lockert, besteht die Gefahr, dass diese sich dauerhaft manifestiert und das dynamische Schreiben einschränkt (Quelle: Dr. Christian Marquardt).

Kinder mit mangelnden Fingerbewegungen haben häufig Schwierigkeiten, bestimmte Bewegungsabläufe auszuführen. Dies kann man beobachten, wenn man den Kindern beim Schreiben zusieht und zudem die Schrift analysiert.

Bestehen massive Einschränkungen der Fingerbeweglichkeit, ist eine professionelle Befunderhebung der feinmotorischen Kompetenzen innerhalb einer Ergotherapie erforderlich. Hierzu haben Sabine Pauli und Andrea Kisch den RAVEK (Ravensburger Erhebungsbogen fein- und grafomotorischer Kompetenzen) erstellt. Den Erhebungsbogen zum Download sowie Erläuterungen zur Durchführung und Interpretation der Beobachtungen enthält das „Handbuch zum RAVEK“, verlag modernes lernen, Bestell- Nr. 1619.

Zur Förderung der Handgeschicklichkeit und Grafomotorik stehen folgende Bücher von Sabine Pauli und Andrea Kisch, verlag modernes lernen, zur Verfügung:

Spiele zur Förderung der Handgeschicklichkeit und Grafomotorik, Bestell- Nr. 1617

Die Ravensburger Feinmotorikkiste, Bestell- Nr. 1093

Ganz schön schräg, Bestell- Nr. 1282

Bewegungsgruppen der Buchstaben

Für die Ausführung der verschiedenen Buchstaben sind bestimmte Bewegungsrichtungen erforderlich, sodass die Buchstaben in Bewegungsgruppen gegliedert werden können. Bei Einschränkung der Fingerbeweglichkeit ist bei einigen Kindern zu beobachten, dass sie Schwierigkeiten haben, Buchstaben aus einer bestimmten Bewegungsgruppe zu schreiben. Wenn beispielsweise ein kraftloses Kind zu stark auf den Stift drückt, blockiert es den Wechsel von Streckung und Beugung der schreibenden Finger und hat deshalb Probleme bei Buchstaben, die sich aus dem Linksoval ergeben, wie ɑ, c, C, d, e, g, G, o, O.

Übersicht der Bewegungsgruppen:

- Einfacher Abstrich / einfacher Abstrich mit Aufstrich (i, l, I, u, U)
- Einfacher Strich mit anschließenden Querstrichen (E, f, F, H, L, t, T.)

- Linksoval / Drehrichtung gegen den Uhrzeigersinn (ɑ, c, C, d, e, g, G, o, O, q, Q)
- Abstrich mit nachfolgender Arkadenbewegung (b, B, D, h, m, n, r, R, P)
- Zickzacklinie mit Richtungswechsel im Haltepunkt (A, M, N, v, V, w, W)
- Ausnahmen (j, J, k, K, s, S, ß, x, X, y, Y, z, Z)

Die Übungen zum Kringeln und Kritzeln in diesem Programm sind so konzipiert, dass sie gezielt sämtliche dieser Bewegungsgruppen beinhalten. Damit wird nicht nur die ausreichende Beweglichkeit der Finger zum Schreiben der Druckschrift gefördert, sondern auch das dynamische Ausführen von Buchstabenverbindungen in einer verbundenen Schrift mit schnellen Richtungswechseln unterstützt.

Grundformen und Grundmuster der Schrift

Bereits vor dem Schuleintritt haben sich die meisten Kinder durch spontanes Malen und Zeichnen die **Grundformen** und **Grundmuster** der Schrift angeeignet. Diese werden durch häufige Wiederholungen und verschiedene Variationen verinnerlicht und die dazu erforderlichen Bewegungsabläufe automatisiert. So gelingt zunehmend eine lockere und leichte Ausführung.

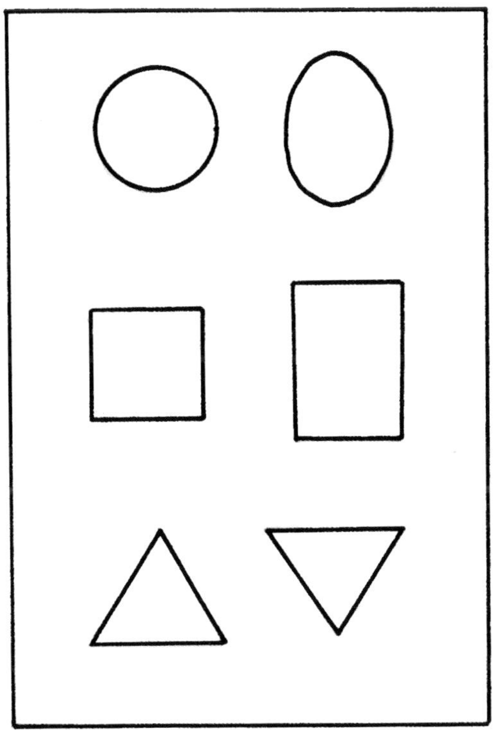

Grundformen

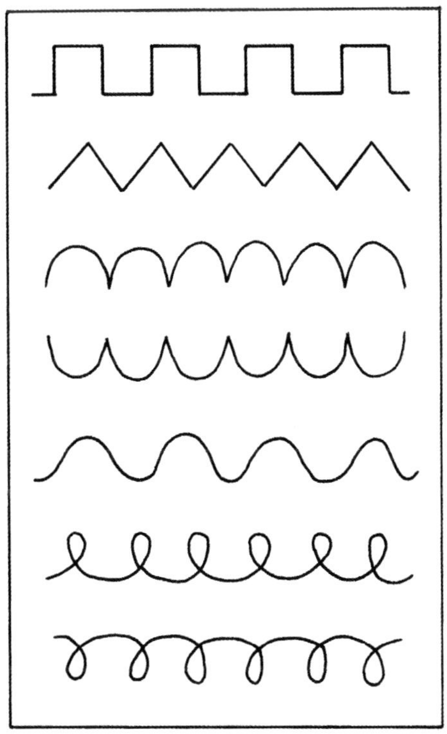

Grundmuster

Die Buchstaben und Zahlen enthalten zwar in verschiedenen Kombinationen Teile der Grundformen und Grundmuster, aber erst die ganz spezielle Form und auch der Größenunterschied bei Groß- und Kleinbuchstaben zeigen deren Bedeutung. Die Schrift besteht aus nicht allzu vielen Grundelementen, aus denen die Buchstaben zusammengesetzt sind: Waagerechte, senkrechte und schräge Striche, Kreise und Ovale, Arkaden, Girlanden und Schleifen. Wenn Kinder beim Schreibenlernen Probleme mit der Erfassung und Wiedergabe der Buchstaben haben, weil sie die Grundformen und Grundmuster der Schrift nicht beherrschen, ist eine professionelle Befunderhebung im Rahmen einer Ergotherapie erforderlich.

Hierzu haben Sabine Pauli und Andrea Kisch den RAVEK (Ravensburger Erhebungsbogen fein- und grafomotorischer Kompetenzen) erstellt. Den Erhebungsbogen zum Download sowie Erläuterungen zur Durchführung und Interpretation der Beobachtungen enthält das „Handbuch zum RAVEK", verlag modernes lernen, Bestell- Nr. 1619.

Die zielgerichtete Förderung zum Erlernen der Grundformen und Grundmuster der Schrift ist mithilfe der Zeichenprogramme „Geschickte Hände zeichnen 1 und 2“ von Sabine Pauli und Andrea Kisch möglich; verlag modernes lernen, Bestell- Nr. 1045 und 1046.

Linien

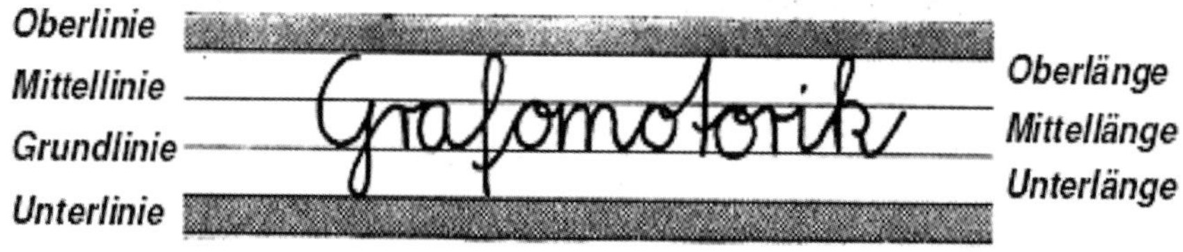

Linienstrukturen der Klassen 1 und 2

Schreibanfänger in Deutschland bekommen in der *1. Klasse* meist die oben abgebildete dreiteiligen Lineatur mit Oberlänge, Mittellänge und Unterlänge. In der *2. Klasse* werden die Abstände der Linien kleiner. Die vorgegebene Linienstrukturen dienen zunächst der Orientierung, an welcher Stelle in diesen Schreibräumen sich die Buchstaben und Buchstabenteile befinden.

Das Problem dabei ist, dass durch die permanente muskuläre Anpassung zur Kontrolle der Buchstabenformen, die Hand- und Fingermuskulatur eine hohe Spannung aufweist und die Bewegung durch die erforderliche visuelle Kontrolle gleichzeitig verlangsamt wird. Dadurch ist die Entwicklung von flüssigen, dynamischen Schreibbewegungen beeinträchtigt.

Daher ist es empfehlenswert, dass Kinder parallel zum Schreiben in Linien frühzeitig auch ohne Linien Schreibübungen durchführen. Wenn sie sich erst einmal sicher sind, in welcher räumlichen Anordnung die Groß- und Kleinbuchstaben geschrieben werden müssen, um als solche erkannt zu werden, können sie dann zunehmend dynamische Schreibbewegungen ausführen.

Die Lineatur der *3. Klasse* besteht nur noch aus dem Schreibraum zwischen Mittellinie und Grundlinie. Dadurch ist schnelleres Schreiben möglich, vor allem auch deshalb, weil die Ober- und Unterlängen der Buchstaben entsprechend der individuellen Bewegungsmöglichkeiten ausgeführt werden können und die verlangsamende visuelle Kontrolle an der Ober- bzw. Unterlinie entfällt. Doch häufig sind Kinder zu Beginn der 3. Klasse noch so langsam beim Schreiben, dass sie dem zunehmenden Tempo und der Schreibmenge nicht gewachsen sind.

Die Lineatur der *4. Klasse* besteht nur noch aus der Grundlinie. Da aber lange in den mehrteiligen Lineaturen und somit in wenig dynamischen Bewegungen geschrieben wurde, schreiben viele Kinder weiterhin zu langsam oder die Schrift wird bei zunehmendem Tempo unleserlich.

Grafomotorik / Schreibmotorik

Um Kinder beim Schreibenlernen gezielt unterstützen und eventuelle motorische Probleme erkennen zu können, ist es wichtig, diese beiden Begriffe zu differenzieren.

Unter Grafomotorik versteht man die langsame und bewusste Bewegungsausführung beim Erlernen der Buchstaben.

Die zunehmende Dynamisierung der Bewegungen, die durch ausreichendes Üben zur Automatisierung der Formen von Buchstaben und Buchstabenverbindungen führt, bezeichnet man als Schreibmotorik.

Grafomotorik ist die motorische Voraussetzung für späteres schnelles Schreiben. Sie ist eher ein langsames, formgetreues „Malen" von Buchstaben mit visueller Kontrolle. Die Formkontrolle steht dabei im Mittelpunkt. Allerdings entstehen durch das langsame Malen der Buchstabenformen keine Bewegungsmuster im Gehirn, die dann beim Schreiben abgerufen werden können.

Definition:
Grafomotorik bedeutet die Produktion von grafischen Zeichen mittels der Hand und einem Schreibgerät auf einem Untergrund.
Ein *Graph* ist die kleinste, nicht bedeutungskennzeichnende Einheit in schriftlichen Äußerungen, beispielsweise ein Punkt.
Ein *Graphem* ist die kleinste bedeutungsunterscheidende geschriebene Einheit, also ein grafisches Symbol, das ein oder mehrere Phoneme wiedergibt, zum Beispiel einen Buchstaben / Buchstabengruppen.
Ein *Phonem* ist die kleinste, bedeutungsunterscheidende, aber nicht selbst bedeutungstragende sprachliche Einheit, beispielsweise das **B** in **B**ein im Unterschied zu **P** in **P**ein.

Schreibmotorik ist ein komplexer motorischer Prozess als Grundlage einer flüssigen Handschrift. Die Buchstaben werden aus einer zuvor gelernten automatisierten Bewegung geschrieben; sie entstehen wie „beiläufig", während sich das Kind dem Textinhalt oder den Rechtschreibregeln widmen kann. Die im Gehirn abgespeicherten ganzheitlichen Bewegungsmuster werden dabei abgerufen. Darüber ist automatisiertes, zunehmend schnelles Schreiben möglich. Dies erklärt auch, warum Schrift, die mit offenen Augen geschrieben wurde, annähernd gleich aussieht, wie die mit geschlossenen Augen geschriebene.

Es ist wichtig, Kinder beim Schreibenlernen von Buchstaben durch Rhythmisierungs- und Geläufigkeitsübungen relativ schnell aus dem Modus der Grafomotorik in den der Schreibmotorik zu begleiten. Damit dies gelingt, müssen Buchstaben (und Zahlen) in immer gleicher Weise ausgeführt werden. Die einheitliche Abfolge der Bewegungen gibt Sicherheit und Orientierung und ist vor allem bei verbundenen Schriften eine Grundvoraussetzung für schnelles Schreiben.

Um die für flüssiges Schreiben erforderliche Beweglichkeit der Finger zu fördern, gilt es, während des für viele Kinder mühsamen Schreiblernprozesses zwischendurch die lockernden Kringel- und Kritzelübungen dieses Programms anzubieten, damit sich die Verkrampfung beim Halten und Führen von Stiften nicht automatisiert.

Stifthaltung

Die Stifthaltung im dynamischen Dreipunktgriff bietet die größtmögliche Beweglichkeit von Daumen, Zeige- und Mittelfinger bei der Stiftführung. Eine andere Stifthaltung, zum Beispiel mit vier Fingern oder mit überschlagenem Daumen, ist nur dann akzeptabel, wenn dadurch die Fingerbeweglichkeit nicht eingeschränkt wird. Wenn die Beweglichkeit eingeschränkt ist und dadurch dynamische Schreibbewegungen kaum möglich sind, ist eine Korrektur der Stifthaltung und deren Einübung notwendig.

Dynamischer Dreipunktgriff

Statischer Vierpunktgriff

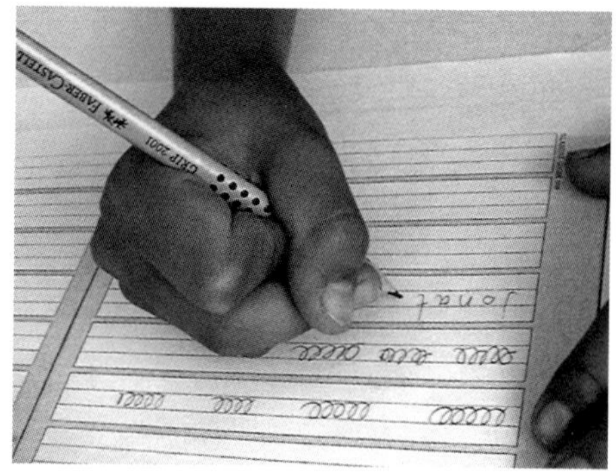

Überschlagener Daumen / zu stark gebeugte Finger

Manche Kinder haben Schwierigkeiten mit dem Halten und Führen von Stiften und vermeiden deshalb in der Vorschulzeit, zu malen und zu zeichnen. Dadurch fehlt ihnen die Erfahrung mit den Grundformen und Grundmustern der Schrift und somit die Grundlage, die Buchstaben und Zahlen in der zur Verfügung stehenden Zeit zu erlernen. Häufig üben sie großen Druck auf Stift und Papier aus, verkrampfen sich zunehmend und ihnen vergeht schnell die anfängliche Freude am Schreibenlernen. Diesen Kindern kann zusätzlich zu Übungen zur Erfassung und Wiedergabe der Grundformen, Grundmuster und Buchstaben die Arbeit mit diesem Programm helfen, Stifte locker und leicht zu halten und zu führen.

Stifte

Für die Kringel- und Kritzelübungen sind gut gespitzte Bleistifte mit weicher Mine empfehlenswert. Dicke Stifte ermöglichen, diese locker zu halten und zu führen, dünne Stifte verstärken die Verkrampfung, deshalb sind sie für die Übungen dieses Programms und auch für Schreibübungen auf keinen Fall zu empfehlen. Bei älteren Kindern kann der Einsatz des üblichen Schreibgerätes sinnvoll sein, beispielsweise ein Tintenroller mit einer rutschfesten Greifzone. Füller und Kugelschreiber sind für die Übungen ungeeignet.

Wichtig ist, den Stift während der Übungen immer wieder wegzulegen und die Hand zu lockern. Dies ist vor allem für Kinder, die sich verkrampfen, wichtig. Wenn der Stift auch während Schreib- und Zeichenpausen in der verkrampften Stellung gehalten wird, kann sich die Muskulatur nicht entspannen und im Gehirn werden nicht nur die erwünschten Bewegungs- und Haltungsmuster gespeichert, sondern auch die begleitende Verkrampfung.

Lockerungspausen

Es ist wichtig, die Kinder dazu anzuleiten, selbständig oder auch in Gruppen immer wieder lockernde Bewegungen durchzuführen, in denen sie nicht nur Finger und Hände, sondern auch Arme und Schultern entspannen können. Die Lockerungsübungen funktionieren auch gut im Stehen - eine Wohltat für alle Schüler*innen, die häufig zu lange im Sitzen arbeiten.

Einige Beispiele:

- Arme im Wechsel nach oben strecken, sanft nach unten führen und Hände ausschütteln
- Arme seitlich des Körpers hängen lassen und Hände ausschütteln
- Mit seitlich hängenden Armen die Schultern nach hinten und vorne sanft kreisen
- Hände hinter dem Rücken zusammenhalten, Schulterblätter im Wechsel zusammenführen und wieder entspannen
- Hände in unterschiedlichen Armpositionen wechselnd öffnen und schließen
- Handgelenke in unterschiedlichen Armpositionen kreisen lassen
- Finger in unterschiedlichen Armpositionen im Wechsel gestreckt spreizen und locker fausten
- Hände gestreckt auf den Tisch legen und die einzelnen Finger seitlich in Bögen bewegen
- Die einzelnen Finger in unterschiedlichen Armpositionen mit der anderen Hand ergreifen, sanft daran ziehen und anschließend ausschütteln

Die Geschichte: Emilyx und Liox gehen in die Schule

Eine kleine Geschichte über die Zaubererkinder Emilyx und Liox führt durch das Programm. Die Geschichte wird den Kindern zu Beginn vorgelesen. Die einzelnen Übungsblätter lassen sich anschließend alleine, in Gruppen oder auch von der ganzen Klasse gemeinsam durchführen.

- Zusammen mit vielen anderen Zaubererkindern kommen die Zwillinge Emilyx und Liox in die Schule. Diese liegt weit entfernt von ihrem geheimen Dorf. Auch ihre Eltern, die Zauberer Hoki und Poko, bereiten sich gut vor, damit es den Kindern an nichts fehlt. Alle Zaubererfamilien des Dorfes helfen bei den *Vorbereitungen* kräftig mit.

- Emilyx und Liox haben im letzten Jahr mit den Zauberbesen fliegen gelernt. Damit sie den weiten Weg zur Schule schaffen, trainieren sie verschiedene *Flugtechniken*, sowie ihre Ausdauer und Kraft.

- Um ihren weiten Schulweg zu finden und sich in fremden Gegenden nicht zu verirren, üben die Zaubererkinder, über verschiedene *Landschaften* zu fliegen.

- Auch das Fliegen bei unterschiedlichem *Wetter* und in der Dunkelheit ist eine Übungssache. So kommen die Kinder auch im Nebel oder Wirbelsturm sicher wieder nach Hause zurück.

- Emilyx und Liox freuen sich sehr auf die Schule und wollen unbedingt *Zauberzeichen* schreiben und lesen lernen, damit sie die Zauberbücher ihrer Eltern selbst lesen und eigene Zaubertricks aufschreiben können. Nach einiger Übung können sie bereits *Zaubersprüche* schreiben.

Die Übungsblätter sind entsprechend dieser Geschichte in folgende thematische Bereiche gegliedert:

- Vorbereitung zum Schulbesuch S. 29 – 43
- Flugtechniken S. 45 – 55
- Landschaften S. 47 – 67
- Wetter S. 69 – 78
- Zauberzeichen / Zaubersprüche S. 79 – 99

Jeder dieser fünf Bereiche beginnt mit einem Titelblatt, auf dem der entsprechende Teil der Geschichte nochmals in Erinnerung gerufen und vorgelesen oder frei erzählt werden kann. Die Gestaltung der einzelnen Übungsblätter regt die Fantasie der Kinder an. Die Motivation zum häufig wiederholten Ausführen der vorgegebenen Form / des Musters wird erhalten, indem sich das ausführende Kind beispielsweise vorstellt, es würde die Pausenbrote belegen, mit dem Besen über die dargestellte Landschaft oder durch die dunkle Nacht fliegen.

2. Übungsblätter / Hinweise zur Durchführung

Übungsblätter

Die Motive zum Kringeln und Kritzeln auf den Übungsblättern bestehen durchgehend aus kleinen Formen und Mustern. Hiermit werden die kleinräumigen Bewegungsübergänge von Daumen, Zeige- und Mittelfinger gefördert (oder auch dem Ringfinger, wenn dieser zum Vier-Punktgriff eingesetzt wird). Die Kinder sollten die Formen und Muster annähernd in der vorgegebenen Größe durchführen, da eine größere Ausführung andere Muskelgruppen anspricht.

Zum Verständnis und wenn Kinder in der Formwiedergabe oder der Richtung der Ausführung unsicher sind, sollte dies zunächst geklärt und die Form / das Muster auf einem gesonderten Blatt, gegebenenfalls etwas größer, geübt werden.

Die Formen und Muster werden häufig wiederholt oder auch mehrfach nachgespurt, dadurch werden die Bewegungen automatisiert und zunehmend in rhythmischen Bewegungsabläufen ausgeführt. Dies kommt der rhythmischen Schreibbewegung zugute, die aus einem ständigen Wechsel der Richtung, Beschleunigung und Entschleunigung besteht. Wichtig dabei ist, dass die Formen / Muster immer in gleicher Weise ausgeführt werden.

Die Übungsblätter müssen nicht unbedingt der Reihenfolge entsprechend ausgeführt werden, da die Geschichte nicht chronologisch aufgebaut ist und auch die Muster nicht durchgehend systematisch schwieriger werden, um einen flexiblen Einsatz zu ermöglichen.

Die Blätter brauchen nicht in einem Zug zu Ende gebracht werden. Die Kinder können immer wieder an einem Übungsblatt weiterarbeiten, bis dieses vollständig ausgefüllt ist. Auch zusätzliche Ausschmückungen oder das Ausmalen der abgebildeten Gegenstände, nach dem Kringeln und Kritzeln, ist sinnvoll (siehe Abb.).

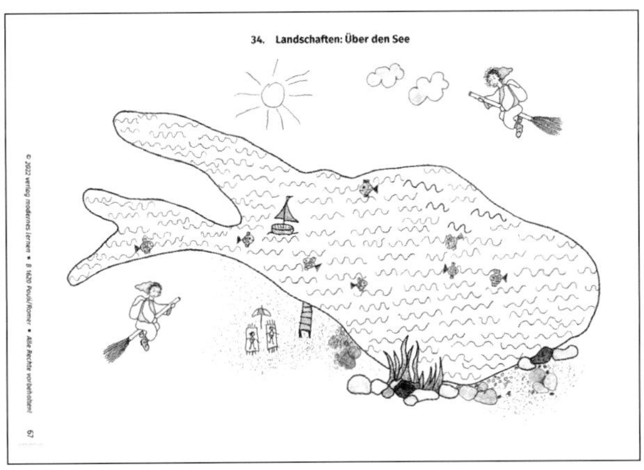

Genügen die vorliegenden Übungsblätter nicht, beziehungsweise besteht Bedarf zu weiteren, ist der Kreativität der Kinder und der betreuenden Erwachsenen keine Grenze gesetzt. Zusätzliche Motive und inhaltliche Ideen lassen sich immer weiterentwickeln.

Wichtig: Die Kinder nicht länger als zehn Minuten am Stück üben lassen. Außerdem darauf achten, dass die Kinder eine ergonomische Sitzhaltung am Tisch einnehmen, und in einer günstige Stifthaltung üben, in der dynamische Fingerbewegungen möglich sind.

Die Übungsblätter sind bewusst von Hand gezeichnet, damit die Kinder nicht durch zu perfekte Vorgaben eingeschüchtert sind.

Hinweise zur Durchführung für die Kapitel 2.1 bis 2.5

Zu den einzelnen Übungsblättern folgen Hinweise und Erläuterungen, beispielsweise wo die Zeichenbewegung beginnt, in welcher Richtung sie ausgeführt wird und wie dies im Zusammenhang mit den Bewegungen beim Schreiben bestimmter Buchstaben steht. Um Kinder zielgerichtet zu fördern, ist es sinnvoll, die Übungsblätter und die entsprechenden Hinweise und Erläuterungen vor dem Einsatz durchzugehen.

Vorbereitung zum Schulbesuch (Kapitel 2.1)

1. **Die Schulranzen werden wetterfest imprägniert S. 30**
   Ovale Kringel auf die Schulranzen aufzeichnen und ohne Absetzen mehrfach nachspuren. Das Kind beginnt oben und zeichnet entgegen dem Uhrzeigersinn. Dies entspricht der Richtung, in denen alle runden Buchstaben geschrieben werden, die sich aus dem c ergeben: a, c, d, g, o und q. Auch Linkshänder sollen in dieser Richtung üben. Dies ist vor allem dann wichtig, wenn Buchstabenverbindungen wie au, al, an, am / ch, ck / da, de, du etc. geschrieben werden.

2. **Die Besenstiele werden neu gestrichen S. 31**
   Senkrechte Kritzel untereinander in die Besenstiele setzen. Das Auf- und Abbewegen des Stiftes fördert die Schreibbewegungen für Auf- und Abstriche und Buchstaben mit schnellen Wechselbewegungen, wie beispielsweise bei V und W.

3. **Die Besen für den Schulflug werden gebunden S. 32**
   Am oberen Ende der Besenstiele, ohne abzusetzen, Striche in verschiedene Richtungen aus- und zurückführen. Die Wechselbewegungen fördern die Beweglichkeit der schreibenden Finger, um sowohl gerade als auch schräge Striche in verschiedene Richtungen auszuführen.

4. **Für kalte Tage werden Jacken gestrickt S. 33**
   Im Wechsel mit Auf- und Abwärtskritzeln ovale Kringel einzeichnen und diese mehrfach nachspuren. Die Kringel oben ansetzen und gegen den Uhrzeigersinn ausführen. Der Wechsel von runden und geraden Schreibbewegungen fördert viele der zum Schreiben erforderlichen Bewegungsrichtungen.

5. **Die Hosen werden geflickt S. 34**
   Im Wechsel senkrechte und waagerechte Kritzel zeichnen. Zur leichter auszuführenden senkrechten Bewegung kommt die schwierigere Querbewegung hinzu, die für alle Querstriche erforderlich ist und vielen Kindern zunächst Mühe macht, beispielsweise bei den Buchstaben A, E, F, H, L, T.

6. **Die löchrigen Socken werden gestopft S. 35**
   Je drei senkrechte und waagerechte Striche kreuzen. Durch das Absetzen ist ein gewisses Zielen erforderlich, anders als beim Kritzeln ohne Absetzen. Damit wird der rechtwinkelige Richtungswechsel geübt, der beispielsweise in den Druckbuchstaben E, F, H oder T vorkommt.

7. **Die Zaubermäntel werden bestickt S. 36**
Die Säume oder auch die gesamten Mäntel mit schrägen Kreuzen versehen. Dabei werden schräge Striche geübt, wie sie beispielsweise in den Buchstaben V, W, X, Y und Z vorkommen. Dies ist für viele Kinder zunächst nicht einfach, da das Erfassen und Ausführen von schrägen Strichen insgesamt schwerer ist als das von geraden.

8. **Die Zauberstäbe werden neu angemalt S. 37**
Eng liegende Striche quer zu den Stäben zeichnen. Das ständige Ab- und neu Ansetzen fördert insgesamt das exakte, schnelle Ansetzen von Buchstabenteilen, wie zum Beispiel bei den Buchstaben A, E, F, H, P, R und T. Dies ist wichtig für die Lesbarkeit der Buchstaben.

9. **Pausenbrote werden mit Leckereien belegt S. 38**
Im Wechsel größere und kleinere runde Kringel zeichnen und mehrfach nachspuren. Die runden Schreibbewegungen in verschiedenen Größen sind für alle runden Buchstaben erforderlich und ermöglichen die dynamische Ausführung von Buchstabenverbindungen. Das Kind beginnt oben und zeichnet entgegen dem Uhrzeigersinn. Dies entspricht der Richtung, in denen alle runden Buchstaben geschrieben werden, die sich aus dem c ergeben: ɑ, c, d, g, o und q. Auch Linkshänder sollen in dieser Richtung üben. Dies ist vor allem wichtig, wenn Buchstabenverbindungen geschrieben werden wie ɑu, ɑl, ɑn, ɑm / ch, ck / dɑ, de, du etc.

10. **Zaubertrank wird gekocht S. 39**
Den Kochtopf im Wechsel mit Ovalen und sehr kleinen Kreisen füllen, diese mehrfach nachspuren. Das Kind beginnt oben und zeichnet entgegen dem Uhrzeigersinn. Dies entspricht der Richtung, in denen alle runden und ovalen Buchstaben geschrieben werden. Im Wechsel mit den Kreisen und Ovalen senkrechte Mehrfachkritzel zeichnen, diese von links nach rechts ausführen. Der Wechsel von runden / ovalen Kringeln und senkrechten Kritzeln fördert die gesamte Beweglichkeit der schreibenden Finger.

11. **Zaubertrank wird abgefüllt S. 40**
Die Flaschen im Wechsel mit Ovalen und sehr kleinen Kreisen füllen, diese mehrfach nachspuren. Das Kind beginnt oben und zeichnet entgegen dem Uhrzeigersinn. Dies entspricht der Richtung, in denen alle runden und ovalen Buchstaben geschrieben werden. Im Wechsel mit den Kreisen und Ovalen senkrechte Mehrfachkritzel zeichnen, diese von links nach rechts ausführen. Der Wechsel von runden / ovalen Kringeln und senkrechten Kritzeln fördert die gesamte Beweglichkeit der schreibenden Finger.

12. **Emilyx und Liox nehmen ein warmes Bad S. 41**
Ohne Absetzen je drei bis vier Wellen zeichnen. Der ständige Richtungswechsel fördert die schnelle, fließende Bewegungsumstellung, die für Buchstaben wie beispielsweise h, m, n, r oder u erforderlich ist und fördert die dynamische Ausführung von Buchstabenverbindungen. Die Wellen sollen von links nach rechts ausgeführt werden, auch von Linkshändern. Der Beginn der Wellen kann im Wechsel oben oder unten sein.

13. **Die Nachbarskinder baden S. 42**
Entsprechend der kleinen Wannen je drei bis vier sehr kleine Wellen zeichnen. Der ständige Richtungswechsel fördert die schnelle, fließende Bewegungsumstellung, die für Buchstaben wie beispielsweise h, m, n, r oder u erforderlich ist und fördert die dynamische Ausführung von Buchstabenverbindungen. Die Wellen sollen von links nach rechts ausgeführt werden, auch von Linkshändern. Der Beginn der Wellen kann im Wechsel oben oder unten sein.

14. **Für die Schulfeier werden Schnecken gebacken S. 43**
Spiralen auf die Backbleche in beide Richtungen und im Wechsel von innen nach außen / von außen nach innen zeichnen. Die Linien sollen sich möglichst nicht berühren. Die größer und kleiner werdenden runden Bewegungen fördern die fließenden Bewegungsübergänge und die Bewegungsgenauigkeit.

Flugtechniken (Kapitel 2.2)

15. **Flugtechniken: Vierecke S. 46**
Vierecke durchgehend zeichnen und ohne Absetzen mehrfach nachspuren. Zeichenbeginn ist an der oberen linken Ecke, von dort geht es nach unten, nach rechts, wieder hoch und nach links. Damit wird die Schreibrichtung der Buchstaben geübt, die mit einem Abstrich beginnen, beispielsweise D, E, F, H, I, L, P, R, oder T. Durch den abrupten Richtungswechsel wird das Be- und Entschleunigen der Schreibbewegung gefördert.

16. **Flugtechniken: Dreiecke S. 47**
Dreiecke durchgehend zeichnen und ohne Absetzen mehrfach nachspuren. Zeichenbeginn ist oben, dann geht es nach links unten, nach rechts und wieder hoch. Die Kombination von Schrägen und geraden Strichen beinhaltet Bewegungsübergänge, wie sie beispielsweise in den Buchstaben K, M, N oder Z vorkommen. Durch den abrupten Richtungswechsel wird das Be- und Entschleunigen der Schreibbewegung gefördert.

17. **Flugtechniken: Doppeldreiecke S. 48**
Senkrechte und waagerechte Doppeldreiecke zeichnen und ohne Absetzen mehrfach nachspuren. Zeichenbeginn ist am Kreuzungspunkt, von dort kann die Richtung frei gewählt werden. An der Kreuzung sollen die Kinder nicht abbiegen. Die Kombination der Dreiecke in verschiedene Richtungen erweitert das Bewegungsausmaß und fördert komplexe Bewegungsübergänge. Durch den abrupten Richtungswechsel wird das Be- und Entschleunigen der Schreibbewegung gefördert.

18. **Flugtechniken: Kreise S. 49**
Kreise zeichnen und ohne Absetzen mehrfach nachspuren. Zeichenbeginn ist oben, von dort geht es nach links. Dabei wird die Richtung geübt, die beim Schreiben sämtlicher Buchstaben, die sich aus dem C entwickeln, beinhaltet: a, c, d, g oder q.

19. **Flugtechniken: Achten S. 50**
Liegende und stehende Achten zeichnen und ohne Absetzen mehrfach nachspuren. Zeichenbeginn ist am Kreuzungspunkt, von dort aus kann die Richtung frei gewählt werden. An der Kreuzung sollen die Kinder nicht abbiegen, was manchen enorm schwerfällt. Diese Kombination erweitert das Bewegungsausmaß und komplexe Bewegungsübergänge werden geübt.

20. **Flugtechniken: Arkaden / Girlanden S. 51**
Bei den Arkaden drei oben gekrümmte Bögen zeichnen, mit einem großen Bogen unterhalb zurück zum Anfang gehen und mehrfach nachspuren. Die Kombination von Aufstrichen und Bögen ist beispielsweise in den Buchstaben h, m oder n enthalten und fördert den schnellen Richtungswechsel bei Doppelbuchstaben und Buchstabenkombinationen, beispielsweise nn, mm, rn oder rm. Die Arkaden sollen von links nach rechts ausgeführt werden, auch von Linkshändern.

    Bei den Girlanden drei unten gekrümmte Bögen zeichnen, mit einem großen Bogen oberhalb zurück zum Anfang gehen und mehrfach nachspuren. Die Kombination von Abstrichen und Bögen ist beispielsweise im u der Druckschrift vorhanden und in vielen Buchstaben der verbundenen Schriften, zum Beispiel bei U, V und W. Die unteren Bögen machen vielen Kindern Schwierigkeiten und werden von manchen nicht deutlich ausgeführt. Die Girlanden sollen von links nach rechts ausgeführt werden, auch von Linkshändern.

21. **Flugtechniken: Wellen S. 52**
Jeweils drei Wellen zeichnen, im Wechsel oben oder unten beginnend. Mit einem großen Bogen oberhalb / unterhalb zurück zum Anfang gehen und mehrfach nachspuren. Die permanenten Richtungswechsel fördern die fließenden Bewegungsübergänge und die Dynamisierung der Schreibbewegungen. Die Wellen sollen von links nach rechts ausgeführt werden, auch von Linkshändern.

22. **Flugtechniken: Zacken S. 53**
Jeweils drei Zacken zeichnen, im Wechsel oben oder unten beginnend. Mit einem großen Bogen oberhalb / unterhalb zurück zum Anfang gehen und mehrfach nachspuren. Dies fördert die für viele Kinder schwierige Ausführung von Schrägen und das Be- und Entschleunigen durch den abrupten Richtungswechsel. Die Zacken sollen von links nach rechts ausgeführt werden, auch von Linkshändern.

23. **Flugtechniken: Schlaufen S. 54**
Jeweils drei Schlaufen zeichnen, im Wechsel nach oben und unten. Mit einem großen Bogen oberhalb / unterhalb zurück zum Anfang gehen und mehrfach nachspuren. Diese kleinräumige Schreibbewegung fördert den dynamischen Bewegungsfluss und gibt Sicherheit beim Überkreuzen. Dies fällt einigen Kindern schwer; es ist für die Lesbarkeit wichtig, dass Schlaufen exakt ausgeführt werden.
Sind die nach oben zeigenden Schlaufen zu eng, kommt es häufig zu Verwechslungen von Buchstaben der verbundenen Schrift oder ganze Wörter werden unleserlich.

Beispiele
Lateinische Ausgangsschrift: ei wird als u, eilt wird als ult gelesen.
Vereinfachte Ausgangsschrift: e wird als r gelesen. Die sehr kleine Schlaufe beim e ist ein häufiges Problem bei der vereinfachten Ausgangsschrift.

Das Üben der Schlaufen nach unten hilft Kindern, die Probleme haben, Schreibbewegungen nach unten auszuführen, beispielsweise, weil sie mit dauerhaft gestreckten Fingern schreiben. Dann sind möglicherweise die Unterlängen mancher Buchstaben zu kurz und dadurch die Lesbarkeit beeinträchtigt.

24. **Flugschein: Alle Flugtechniken S. 55**
Sämtliche bisher geübten Flugtechniken werden frei kombiniert und über das Blatt verteilt. Dadurch werden die Formen nochmals vertieft und die Bewegungsabläufe zunehmend automatisiert.

Landschaften (Kapitel 2.3)

25. **Über die Berge S. 58**
Kleine Bergketten mit je drei bis vier Bergspitzen über das Blatt verteilen. Ob die Bergketten einzeln stehen oder ineinander übergehen, ist der Fantasie überlassen.

26. **Über die Blumenwiese S. 59**
Am oberen Ende der vorgegebenen Blumenstängel die Blüten aus fortlaufenden Bögen zeichnen. Zeichenbeginn ist links, auch für Linkshänder.

27. **Über die Obstwiese S. 60**
Am oberen Ende der vorgegebenen Stämme die Baumkronen der Obstbäume mit fortlaufenden Schlaufen ausfüllen. Die Schlaufen zeigen ins Innere der Baumkronen. Zeichenbeginn ist links, auch für Linkshändler.

28. **Über die Dörfer S. 61**
Kleine Quadrate als Häuser über das Blatt verteilen und mit einem Dach versehen. Zeichenbeginn bei den Quadraten ist links oben, weiter geht's nach unten, nach rechts, nach oben, dann wieder nach links und ohne Absetzen wird das Dach darüber gezeichnet.

29. **Über die Stadt S. 62**
Aus unterschiedlich vielen Quadraten Hochhäuser, Reihenhäuser, Häuserblöcke, Kirchen, Türme und weitere Gebäude gestalten und beliebig mit Dächern versehen. Zeichenbeginn bei den Quadraten ist links oben, weiter geht's nach unten, nach rechts, nach oben, dann wieder nach links.

30. **Über die Schafweide S. 63**
Die vorgegebenen Schafe mit einem Fell versehen. Dazu die vorgegebenen Körper mit fortlaufenden Schlaufen ausfüllen. Die Schlaufen können in sämtliche Richtungen und mit unterschiedlichem Druck und Tempo ausgeführt werden.

31. **Übers Getreidefeld S. 64**
Am oberen Teil der Stängel die Ähren als Zacken zeichnen. Die ungewohnte seitliche Bewegung fällt manchen Kindern schwer, vor allem, wenn sie mit stark gebeugten Fingern zeichnen und schreiben.

32. **Über den Laubwald S. 65**
Die Äste der Baumkronen durch fortlaufende Schlaufen ausfüllen. Die Schlaufen können nach oben und unten zeigen.

33. **Über den Tannenwald S. 66**
Am oberen Teil der Stämme seitliche Zacken als Tannenäste zeichnen. Die ungewohnte seitliche Bewegung fällt manchen Kindern schwer, vor allem, wenn sie mit stark gebeugten Fingern zeichnen und schreiben.

34. **Über den See S. 67**
Den See mit je drei bis vier Wellen ausfüllen, im Wechsel oben oder unten beginnen. Der ständige Richtungswechsel fördert die schnelle, fließende Bewegungsumstellung, die für Buchstaben wie beispielsweise h, m, n, r oder u erforderlich ist und fördert die dynamische Ausführung von Buchstabenverbindungen. Die Wellen sollen von links nach rechts ausgeführt werden, auch von Linkshändern.

Wetter (Kapitel 2.4)

35. **Durch die Wolken S. 70**
Die vorgegebenen Wolken mit zarten, fortlaufenden Kringeln ausfüllen. Vielen Kindern fällt es schwer, bei flüssigem Tempo den Druck auf Stift und Papier nicht zu verstärken. Dies muss man gezielt üben, denn wenn beim schnellen Schreiben der Druck ebenfalls erhöht wird, führt dies zur zunehmenden Verkrampfung der Finger.

36. **Unterm Sternenhimmel S. 71**
Die Fläche mit Sternen versehen. Dazu zuerst einen waagerechten und einen senkrechten Strich kreuzen und dann zwei schräge Striche durch den Mittelpunkt zeichnen. Hierbei wird das schnelle Zeichnen von kurzen, geraden Strichen und zudem die Zielgenauigkeit geübt. Mit unterschiedlichem Druck arbeiten.

37. **Durch den Schnee S. 72**
Die Fläche mit zarten, kleinen Schneeflocken versehen. Dazu zuerst einen waagerechten und einen senkrechten Strich kreuzen und dann zwei schräge Striche durch den Mittelpunkt zeichnen. Mit geringem Druck arbeiten.

38. **Durch den Hagel S. 73**
Die Fläche mit runden, mehrfach nachgespurten Kringeln versehen. Diese oben beginnend gegen den Uhrzeigersinn ausführen, auch von Linkshändern. Darauf achten, dass die Kringel nicht größer werden, auch wenn sich das Tempo erhöht.

39. **Durch die Blitze S. 74**
Die Fläche mit Blitzen ausfüllen, jeweils oben beginnen. Die schnellen Abstriche mit den abrupten Richtungswechseln zu den Aufstrichen, fördern die Schreibbewegung der Buchstaben, die Zickzacklinien mit Richtungswechseln im Haltepunkt enthalten wie A, M, N, v, V, w, W.

40. **Durch die Dunkelheit S. 75**
Die Fläche mit fortlaufenden Schlaufen vollständig ausfüllen. Hierbei kann mit unterschiedlichem Druck experimentiert werden. Die Schlaufen im Wechsel in alle Richtungen ausführen. Durch die permanenten runden Bewegungen wird der Bewegungsfluss der schreibenden Finger und die Ausdauer enorm gefördert.

41. **Durch den Nebel S. 76**
Die Fläche mit fortlaufenden Schlaufen vollständig ausfüllen. Hierbei nur mit geringem Druck arbeiten und darauf achten, dass der Druck auf das Papier nicht zunimmt, auch wenn sich das Tempo erhöht. Die Schlaufen im Wechsel in alle Richtungen ausführen. Durch die permanenten runden Bewegungen wird der Bewegungsfluss der schreibenden Finger und die Ausdauer enorm gefördert.

42. **Durch den Wirbelsturm S. 77**
Von innen nach außen Spiralen in unterschiedlichem, wenn möglich auch hohem, Tempo zeichnen. Im Wechsel rechts- und linksherum ausführen. Dabei mit unterschiedlichem Druck arbeiten und auch innerhalb einer Spirale den Druck variieren. Die Linien dürfen sich auch berühren oder kreuzen.

43. **Durch großes Unwetter S. 78**
Die Fläche im Wechsel mit kleinen mehrfach nachgespurten Kringeln (Hagelkörner), fortlaufenden Schlaufen nach oben und unten (Dunkelheit / Nebel) und Blitzen vollständig ausfüllen. Hierbei werden die zuvor geübten Formen nochmals vertieft, zunehmend automatisiert und die Ausdauer gesteigert.

Die Zaubererkinder lernen schreiben (Kapitel 2.5)

Dieser Übungsteil wurde in der waagerechten Lese- Schreibrichtung konzipiert, das trainiert zusätzlich zur Dynamisierung der Schreibbewegungen das Weiterrücken des Armes. Die Trennungsstriche zwischen den Reihen dienen lediglich der Unterteilung und sollen nicht getroffen werden. Die Zeichen zwischen den Strichen möglichst dynamisch und in gleichbleibender Größe zeichnen, die Arbeitsrichtung ist von links nach rechts, auch für Linkshänder.
Bei diesen Übungsblättern ist besonders wichtig, dass das Blatt leicht schräg liegt. Rechtshänder drehen es zirka 30° Grad nach links, Linkshänder zirka 30° Grad nach rechts. In dieser Blattlage sollten sie auch schreiben; sie verhindert bei Linkshändern, dass diese ihr Handgelenk stark beugen, um ihr Geschriebenes nicht zu verdecken. Rechtshänder können dadurch entsprechend der Anatomie den Arm mit dem Ellenbogen locker nach außen nachziehen, während sie bei gerader Blattlage den Arm eher an den Körper klemmen müssen (weitere Informationen im Buch „Linkshänder – na klar“ von Andrea Kisch und Sabine Pauli, verlag modernes lernen, Bestell- Nr. 1083).

44. **Zauberzeichen: Dreier-Raute gerade S. 80**
Oben beginnend von links nach rechts je drei senkrechte Striche zeichnen. Diese mit drei waagerechten Strichen durchkreuzen, auch diese werden von oben nach unten sowie von links nach rechts gezeichnet. Dies entspricht der Bewegungsrichtung vieler Buchstaben-Teile. Auch Linkshänder sollen die Rauten in dieser Weise ausführen.

45. **Zauberzeichen: Dreier-Raute schräg S. 81**
Oben beginnend und von links nach rechts je drei schräge Striche kreuzen. Die Ausführung von schrägen Strichen fällt einigen Kindern schwerer als gerade Striche, da hierzu komplexere Übergänge der Fingerbewegung erforderlich sind. Auch hier soll von links nach rechts sowie von oben nach unten gearbeitet werden, da dies der Schreibrichtung entspricht.

46. **Zauberzeichen: Zwei Kreise ineinander S. 82**
Hierbei kann zuerst der äußere oder der innere Kreis gezeichnet werden. Beginn der Kreise ist oben, dann geht es entgegen dem Uhrzeigersinn weiter. Dies entspricht der Richtung, die in sämtlichen aus dem „C“ entwickelten Buchstaben vorkommt: a, c, d, g, o, q.

47. Zauberzeichen: Kreis mit Doppelstrich mittendurch gerade S. 83
Zuerst den Kreis zeichnen, dann die senkrechten und waagerechten Doppelstriche ziehen. Durch den Wechsel von runden und geraden Bewegungen wird sowohl die Beweglichkeit der Finger als auch die dynamische Zielgenauigkeit gefördert. Die Zeichen können sowohl abwechselnd gezeichnet werden als auch im Wechsel eine Reihe mit den waagerechten und eine Reihe mit den senkrechten Strichen. Die Striche sollen von oben nach unten und von links nach rechts ausgeführt werden.

48. Zauberzeichen: Kreis mit Doppelstrich mittendurch schräg S. 84
Zuerst den Kreis zeichnen, dann die schrägen Doppelstriche in beide Richtungen ziehen. Durch den Wechsel von runden und schrägen Bewegungen und das präzise Platzieren der Striche wird sowohl die Beweglichkeit der Finger als auch die dynamische Zielgenauigkeit gefördert. Die Zeichen können sowohl abwechselnd gezeichnet werden als auch im Wechsel eine Reihe mit den nach rechts zeigenden und eine Reihe mit den nach links zeigenden Strichen. Die Striche sollen von oben nach unten ausgeführt werden.

49. Zauberzeichen: Kreis mit Strichen außen S. 85
Zuerst den Kreis zeichnen, dann die Striche oberhalb und unterhalb / links und rechts ziehen. Die Striche sollen von oben nach unten und von links nach rechts ausgeführt werden.
Durch den Wechsel von runden und geraden Bewegungen und das präzise Platzieren der Striche wird sowohl die Beweglichkeit der Finger als auch die dynamische Zielgenauigkeit gefördert. Die Zeichen können sowohl abwechselnd gezeichnet werden als auch im Wechsel eine Reihe mit den Strichen oben und unten und eine Reihe mit den Strichen links und rechts.

50. Zauberzeichen: Dreifache Kritzel gerade S. 86
Die senkrechten Kritzel von links nach rechts und die waagerechten von oben nach unten ausführen. Die rhythmisch wiederholten Bewegungen mit abruptem Richtungswechsel fördern die Dynamisierung und Zielgenauigkeit der Bewegungen. Die Zeichen können entweder abwechselnd gezeichnet oder im Wechsel eine Reihe mit den senkrechten und eine Reihe mit den waagerechten Kritzeln ausgeführt werden.

51. Zauberzeichen: Dreifache Kritzel schräg S. 87
Die schrägen Kritzel von links nach rechts und von oben nach unten ausführen. Schräge Striche fallen einigen Kindern schwerer als gerade, da hierzu komplexere Übergänge der Fingerbewegung erforderlich sind. Die Zeichen können entweder abwechselnd gezeichnet oder im Wechsel eine Reihe mit den nach links und eine Reihe mit den nach rechts zeigenden Kritzeln ausgeführt werden.

52. Zauberzeichen: Spiralen von innen nach außen beide Richtungen S. 88
Von einem Punkt aus kleine Spiralen in beide Richtungen zeichnen. Die Spiralen sollen nicht zu groß werden und die Linien sich nicht berühren oder überkreuzen. Mit der Kombination von runden Bewegungen und geringer Größensteigerung werden komplexe Bewegungsübergänge und die präzise Planung des Bewegungsausmaßes gefördert. Die Spiralen können entweder abwechselnd gezeichnet oder im Wechsel eine Reihe mit den nach links und eine Reihe mit den nach rechts gedrehten ausgeführt werden.

53. Zauberzeichen: Spiralen von außen nach innen beide Richtungen S. 89
Oben beginnend Spiralen von außen nach innen in beide Richtungen zeichnen.
Diese Variante der Spiralen fällt manchen Kindern schwerer als die Spiralen von innen nach außen, da es nicht so einfach ist, die Größe des äußeren Kreises zu planen. Die Linien sollen sich nicht berühren oder überkreuzen. Die Spiralen können entweder abwechselnd gezeichnet oder im Wechsel eine Reihe mit den nach links und eine Reihe mit den nach rechts gedrehten ausgeführt werden.

54. Zauberzeichen: Reisigbündel nach oben / unten S. 90
Von einem Startpunkt aus werden je vier bis fünf Striche nach oben / unten von diesem weg und wieder zurückgeführt. Der permanente Richtungswechsel und das Treffen des Startpunkts fördert sowohl die Beweglichkeit als auch das Beschleunigen und Entschleunigen der Bewegung. Die Bündel

können entweder abwechselnd gezeichnet oder im Wechsel eine Reihe mit den nach oben und eine Reihe mit den nach unten zeigenden ausgeführt werden.

55. Zauberzeichen: Reisigbündel nach rechts / links S. 91
Von einem Startpunkt aus werden je vier bis fünf Striche nach links / nach rechts von diesem weg und wieder zurückgeführt. Der permanente Richtungswechsel und das Treffen des Startpunkts fördert sowohl die Beweglichkeit als auch das Beschleunigen und Entschleunigen der Bewegung. Die Bündel können entweder abwechselnd gezeichnet oder im Wechsel eine Reihe mit den nach rechts und eine Reihe mit den nach links zeigenden ausgeführt werden.

56. Zauberzeichen: Vierfache Kritzel größer-kleiner / kleiner-größer S. 92
Links beginnend je vier Kritzel kleiner und größer werdend zeichnen. Die Auf- und Abbewegungen kombiniert mit dem abrupten Richtungswechsel und der Größenabstufung fördert die Dynamisierung und Zielgenauigkeit der Bewegungen. Die Zeichen können entweder abwechselnd gezeichnet oder im Wechsel eine Reihe mit den kleiner werdenden und eine Reihe mit den größer werdenden Kritzeln ausgeführt werden.

57.– 63. Zaubersprüche: 1–7, S. 93–99
In verschiedenen Kombinationen hier je drei der zuvor geübten Zauberzeichen ausführen. Dabei werden diese nochmals vertieft und zunehmend automatisiert.

2.1 Vorbereitung zum Schulbesuch

Zusammen mit vielen anderen Zaubererkindern kommen die Zwillinge Emilyx und Liox in die Schule.

Diese liegt weit entfernt von ihrem geheimen Dorf.

Auch ihre Eltern, die Zauberer Hoki und Poko, bereiten sich gut vor, damit es den Kindern an nichts fehlt.

Alle Zaubererfamilien des Dorfes helfen bei den Vorbereitungen kräftig mit.

1. Vorbereitungen: Die Schulranzen werden wetterfest imprägniert

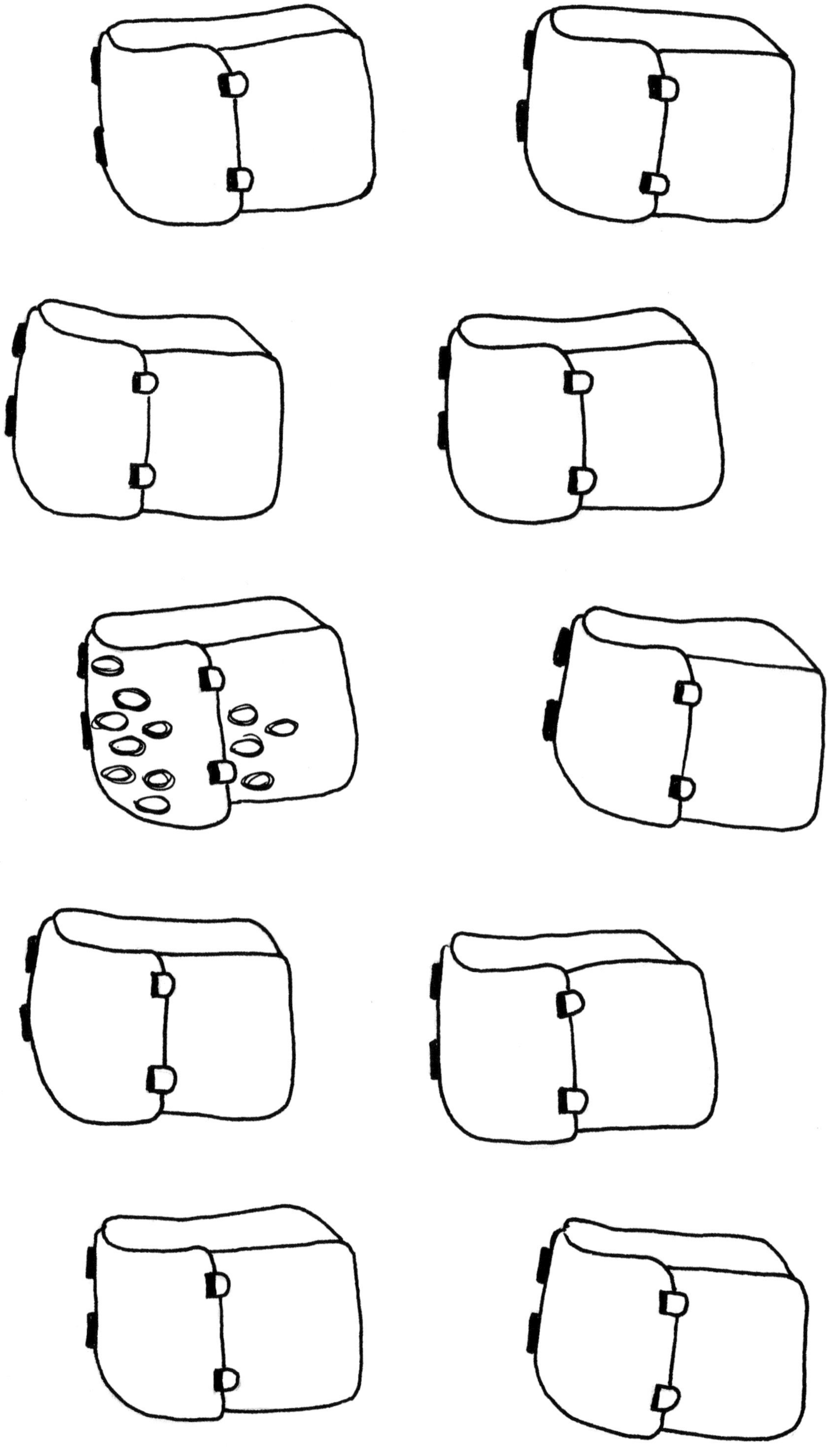

2. Vorbereitungen: Die Besenstiele werden neu gestrichen

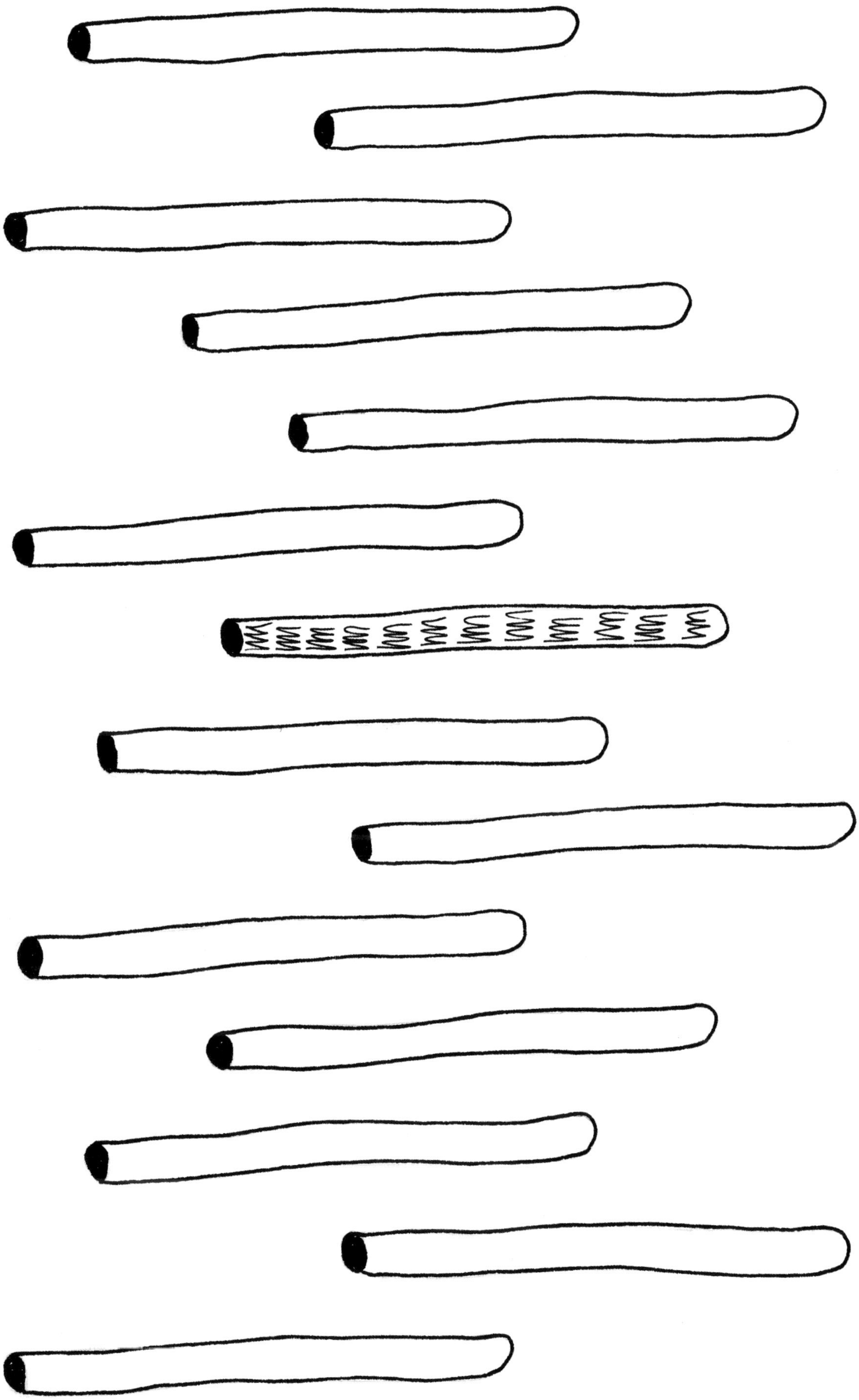

3. Vorbereitungen: Die Besen für den Schulflug werden gebunden

4. Vorbereitungen: Für kalte Tage werden Jacken gestrickt

5. Vorbereitungen: Die Hosen werden geflickt

6. Vorbereitungen: Die löchrigen Socken werden gestopft

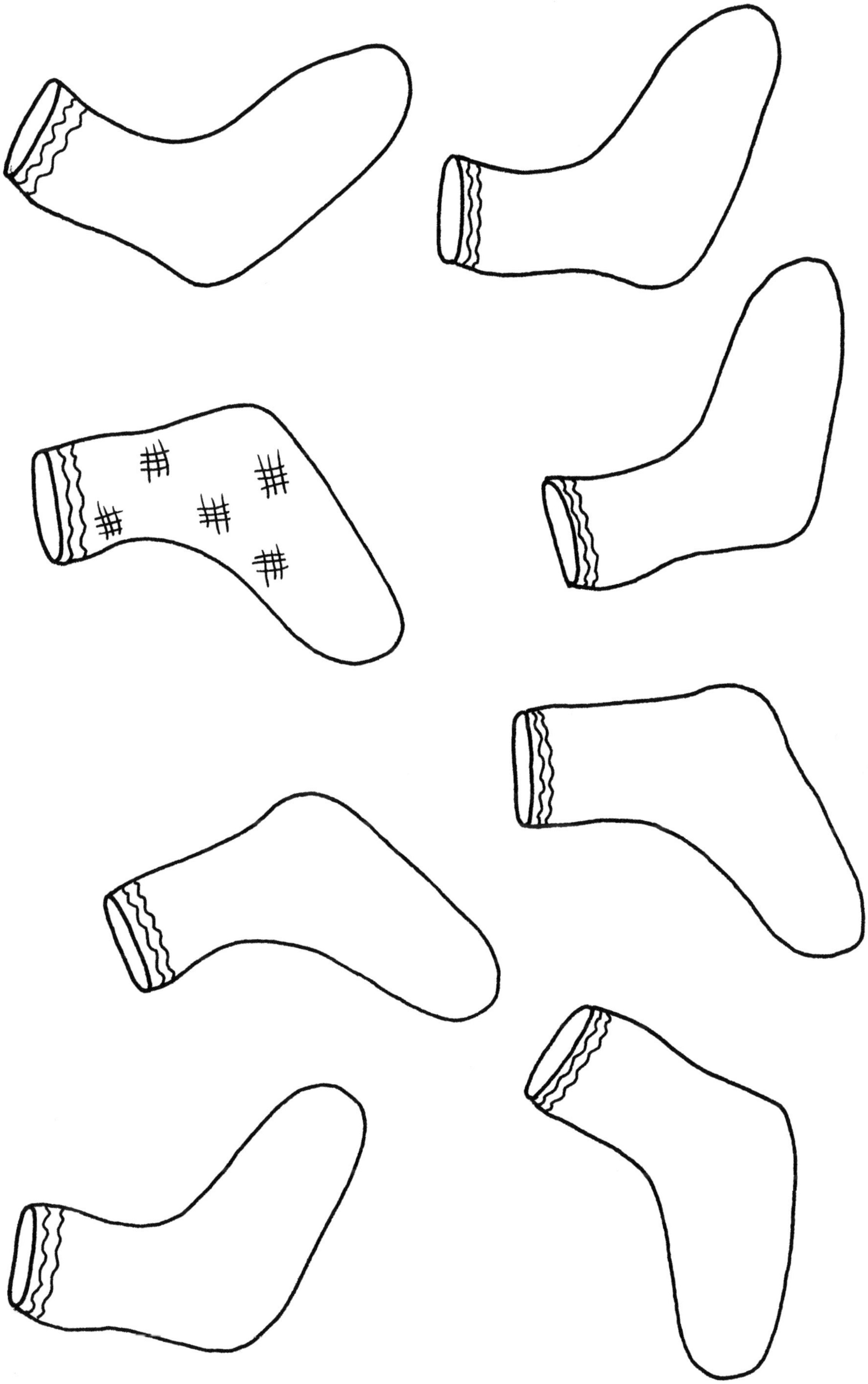

7. Vorbereitungen: Die Zaubermäntel werden bestickt

8. Vorbereitungen: Die Zauberstäbe werden neu angemalt

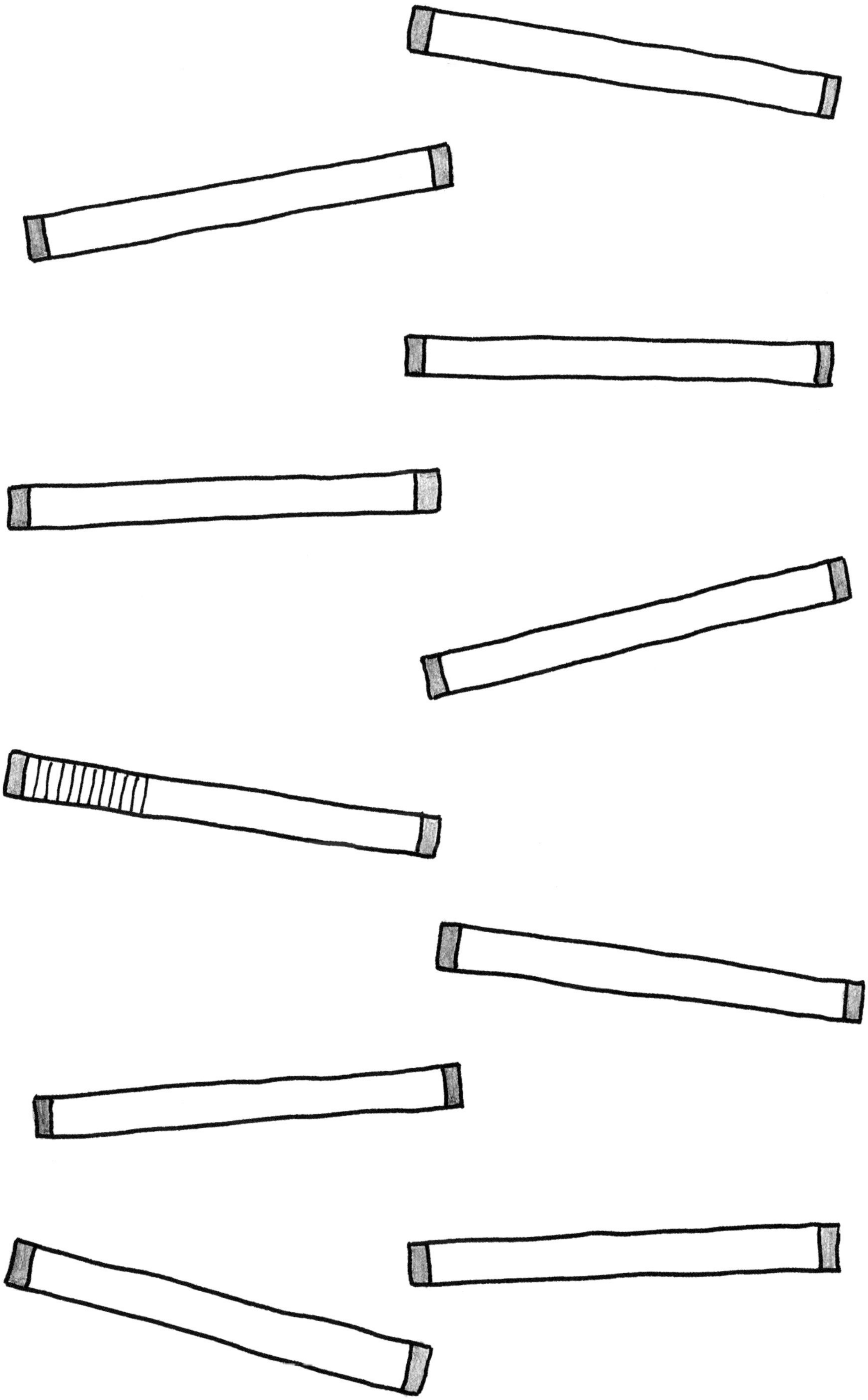

9. Vorbereitungen: Pausenbrote werden mit Leckereien belegt

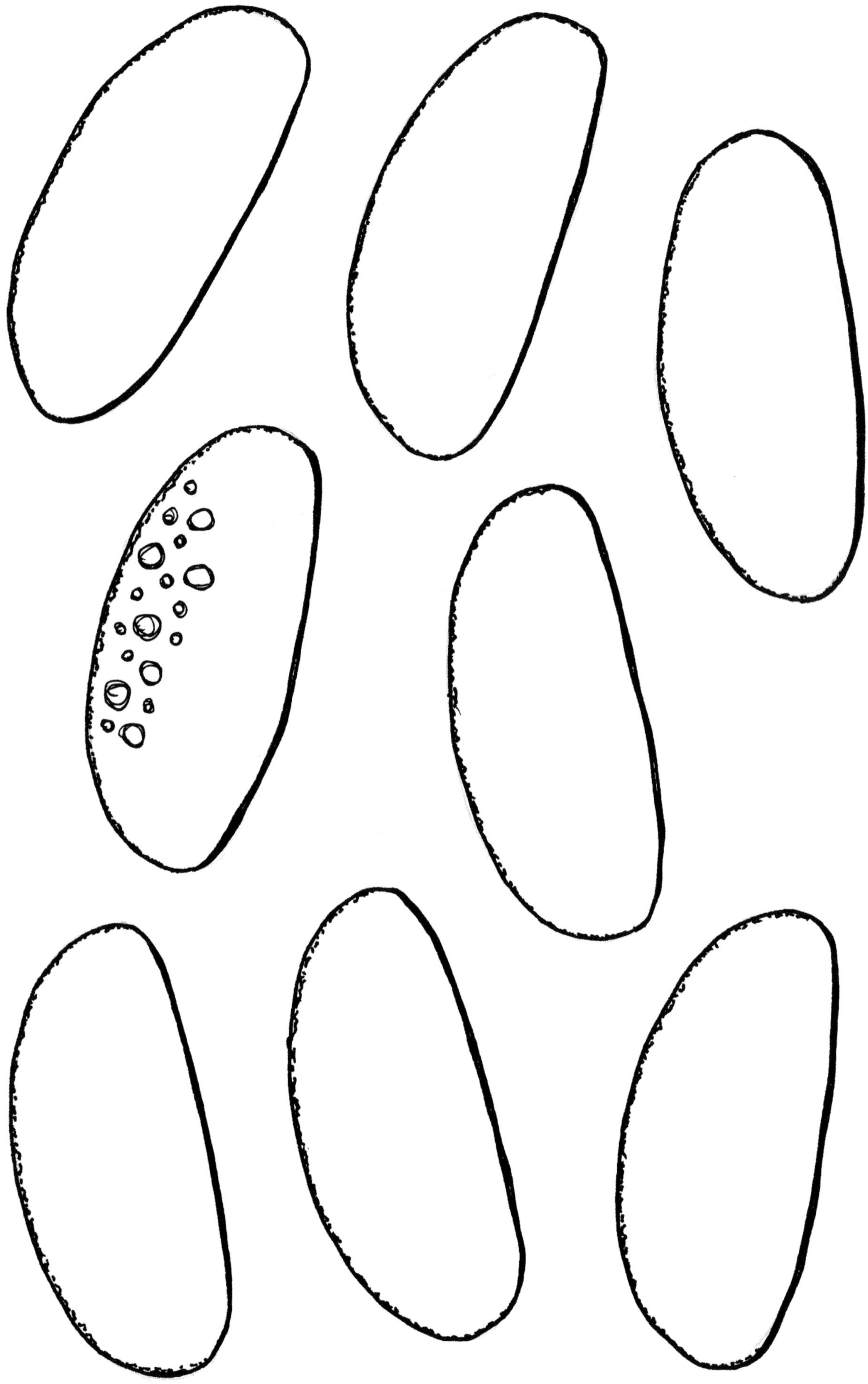

10. Vorbereitungen: Zaubertrank wird gekocht

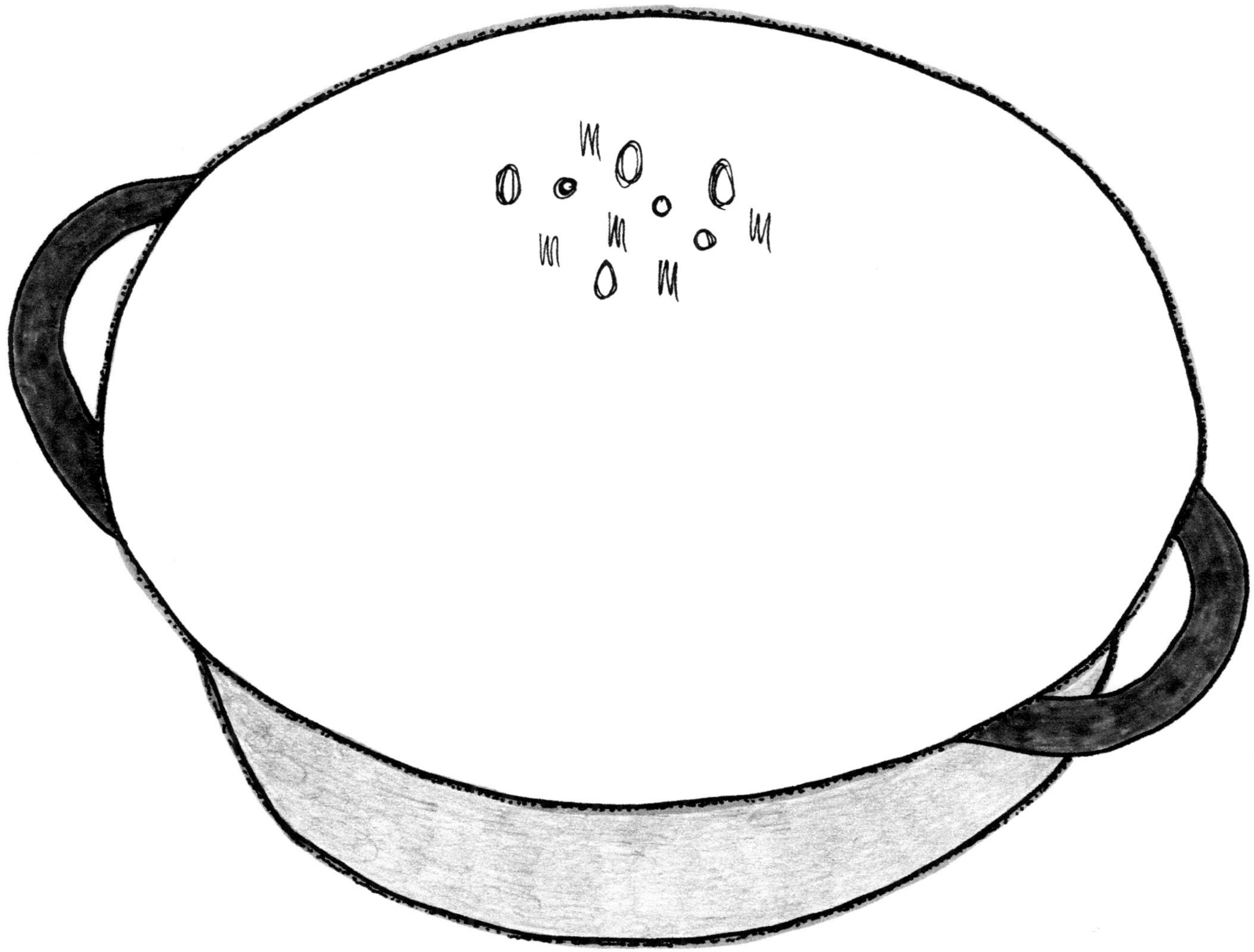

11. Vorbereitungen: Zaubertrank wird abgefüllt

12. Vorbereitungen: Emilyx und Liox nehmen ein warmes Bad

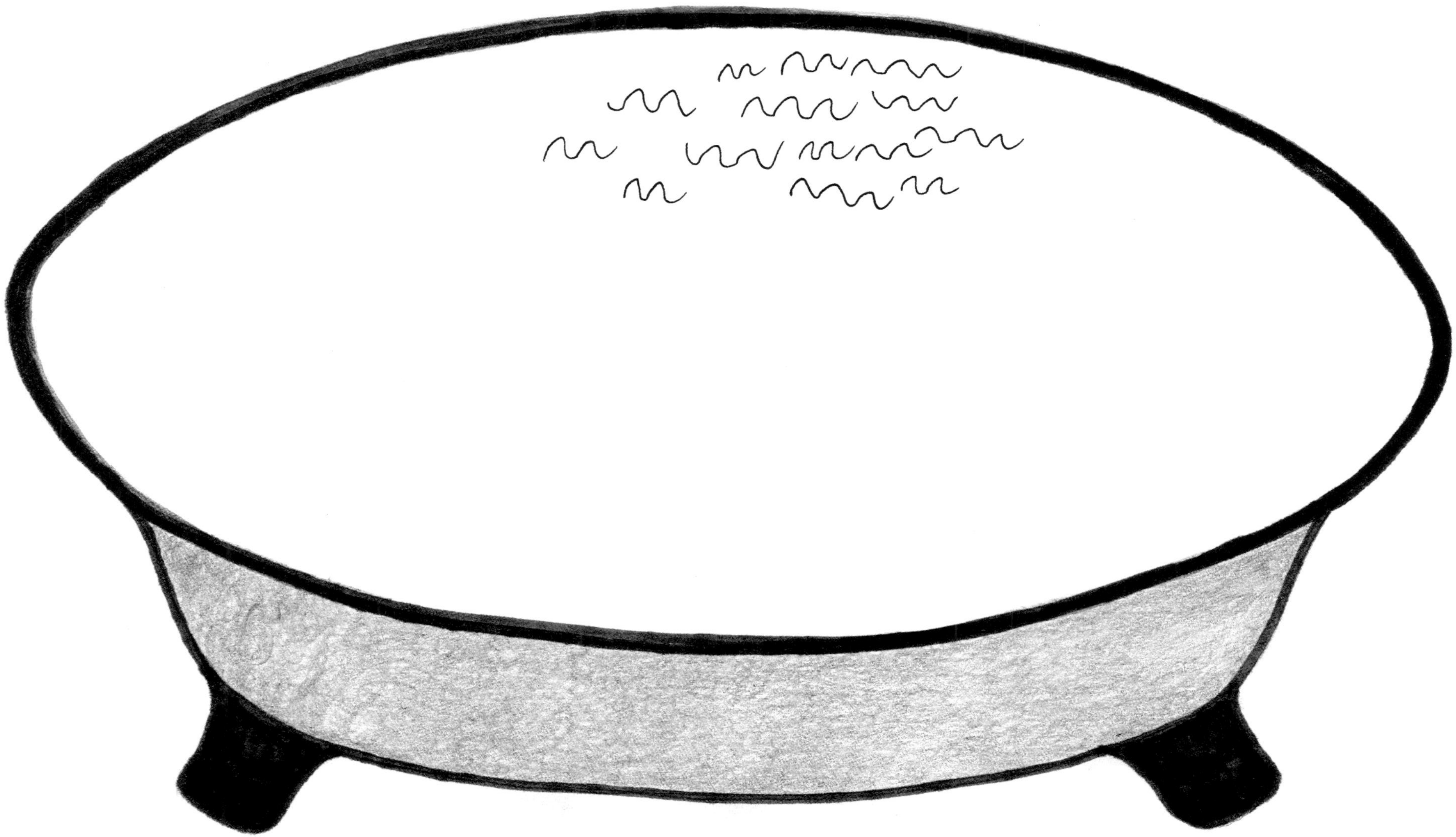

13. Vorbereitungen: Die Nachbarskinder baden

14. Vorbereitungen: Für die Schulfeier werden Schnecken gebacken

2.2 Flugtechniken

Emilyx und Liox haben im letzten Jahr mit den Zauberbesen fliegen gelernt.

Damit sie den weiten Weg zur Schule schaffen, trainieren sie verschiedene Flugtechniken, sowie ihre Ausdauer und Kraft.

15. Flugtechniken: Vierecke

16. Flugtechniken: Dreiecke

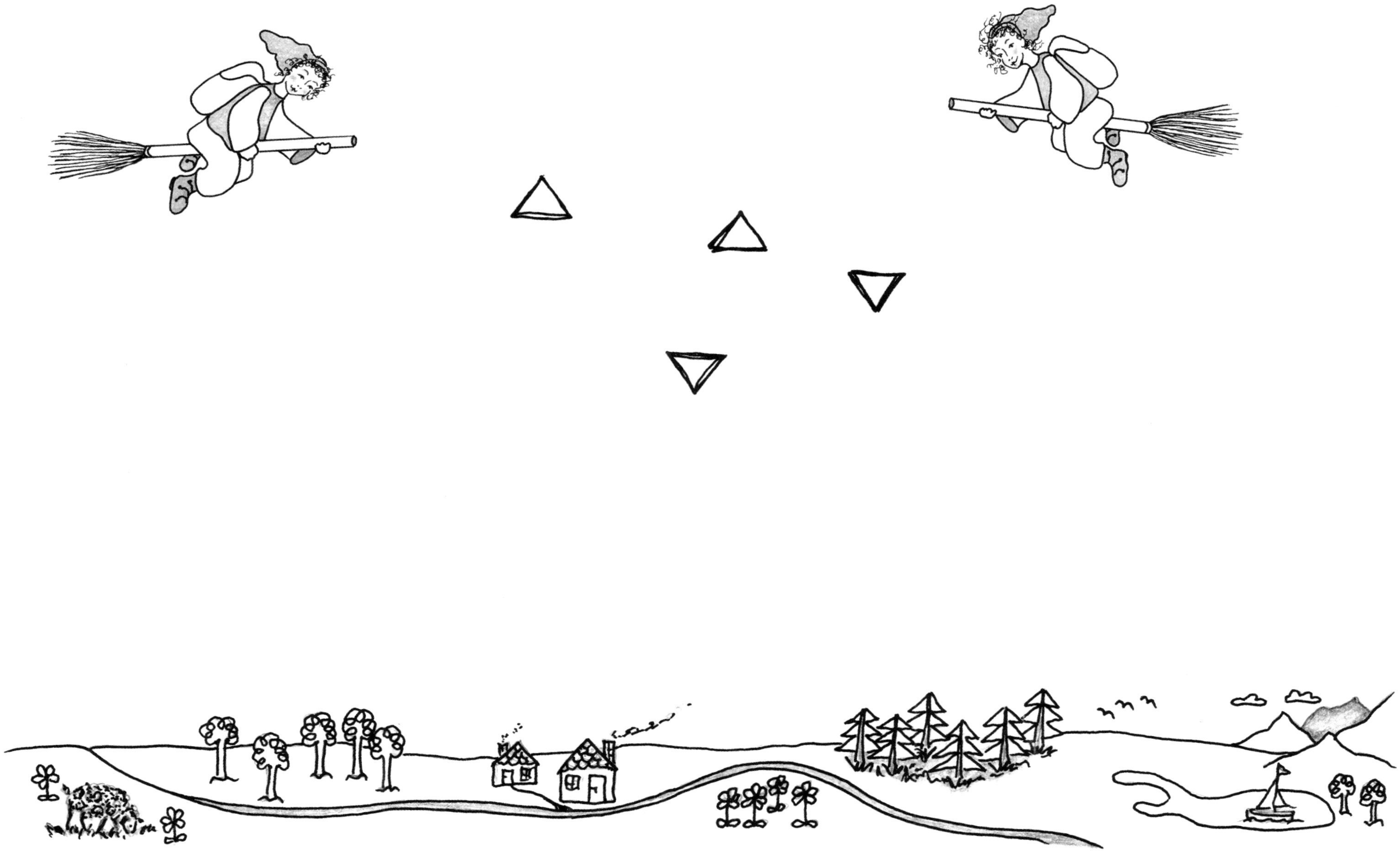

17. Flugtechniken: Doppeldreiecke

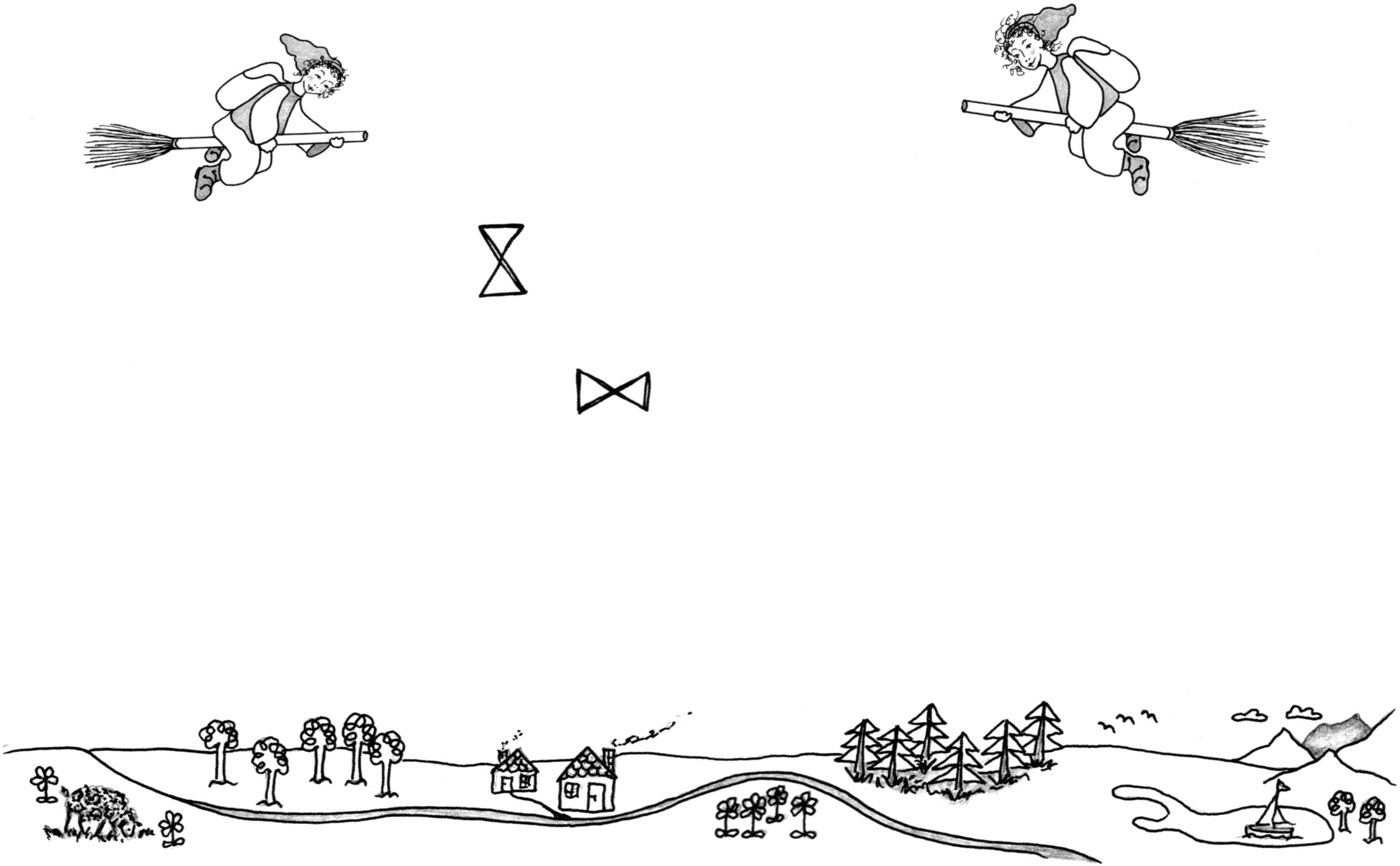

18. Flugtechniken: Kreise

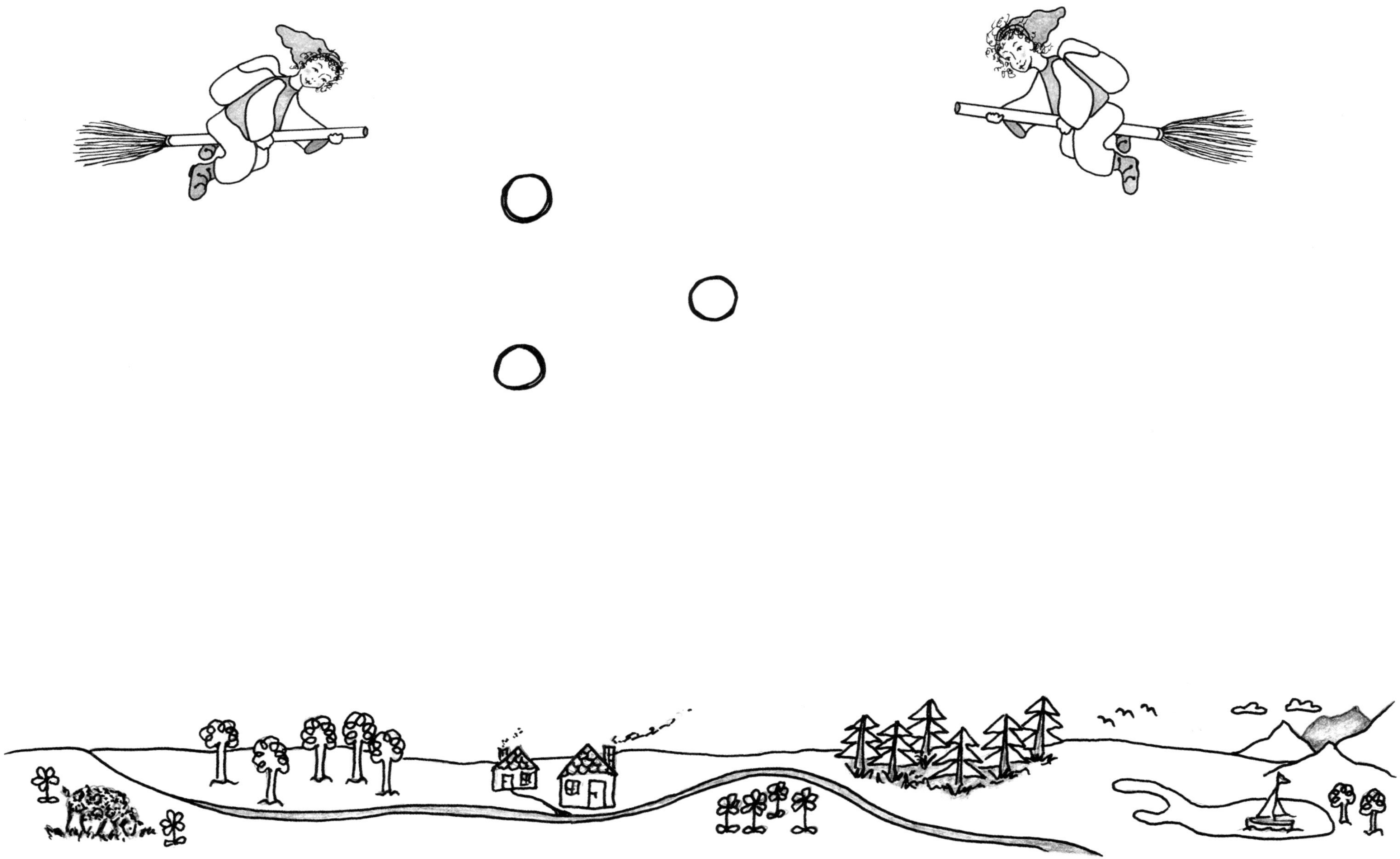

19. Flugtechniken: Achten

8

∞

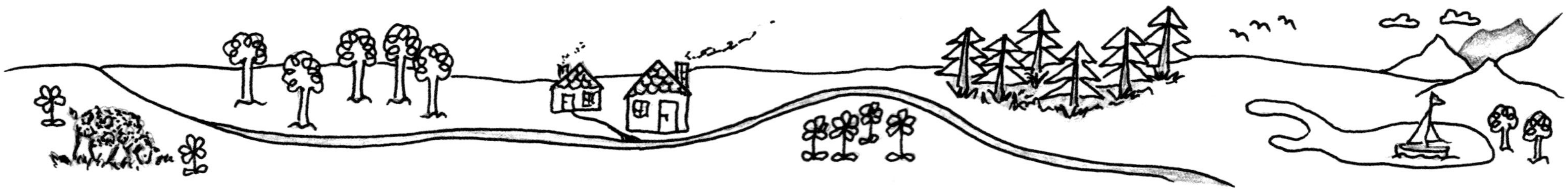

20. Flugtechniken: Arkaden / Girlanden

21. Flugtechniken: Wellen

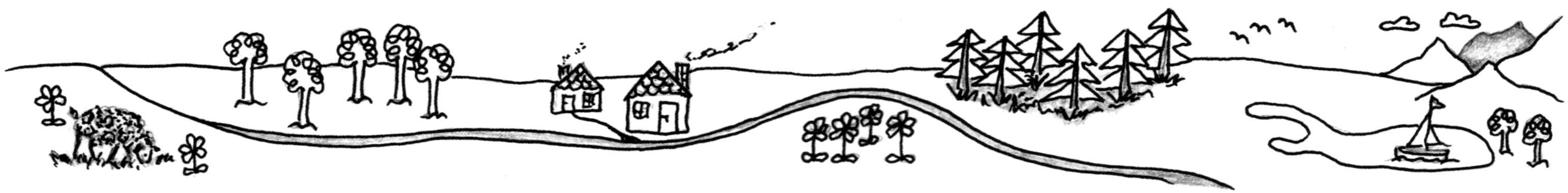

22. Flugtechniken: Zacken

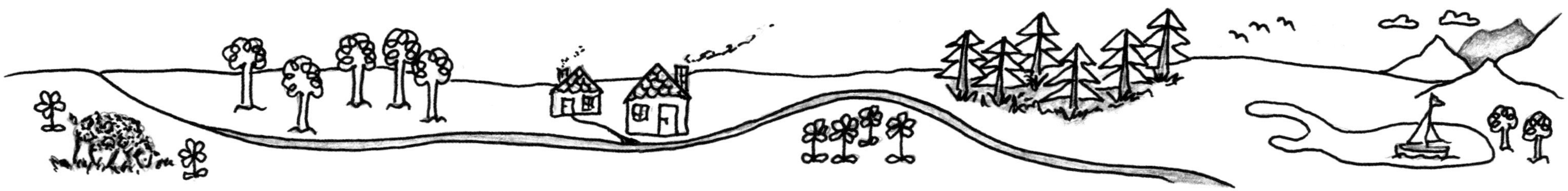

23. Flugtechniken: Schlaufen

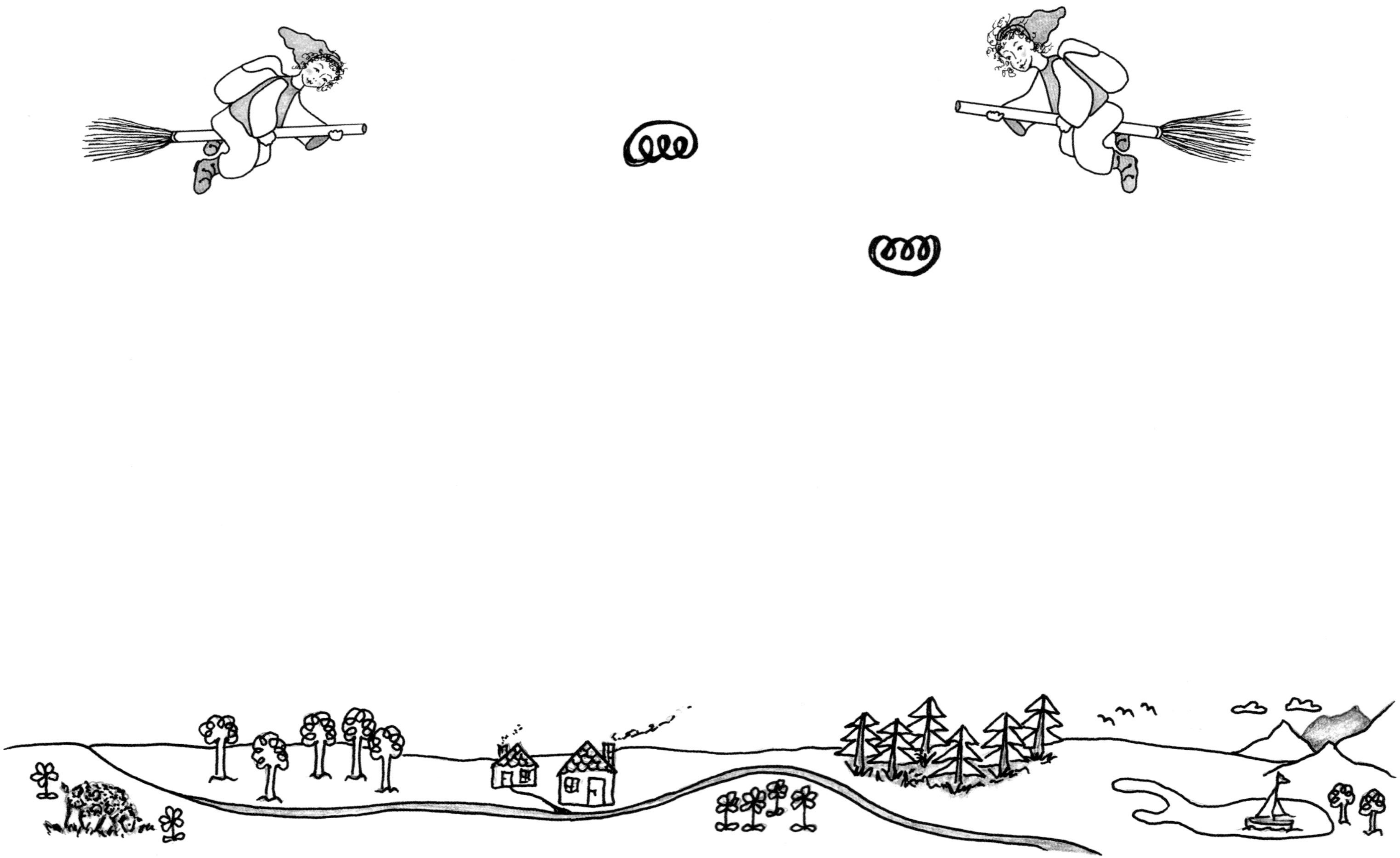

24. Flugschein: Alle Flugtechniken

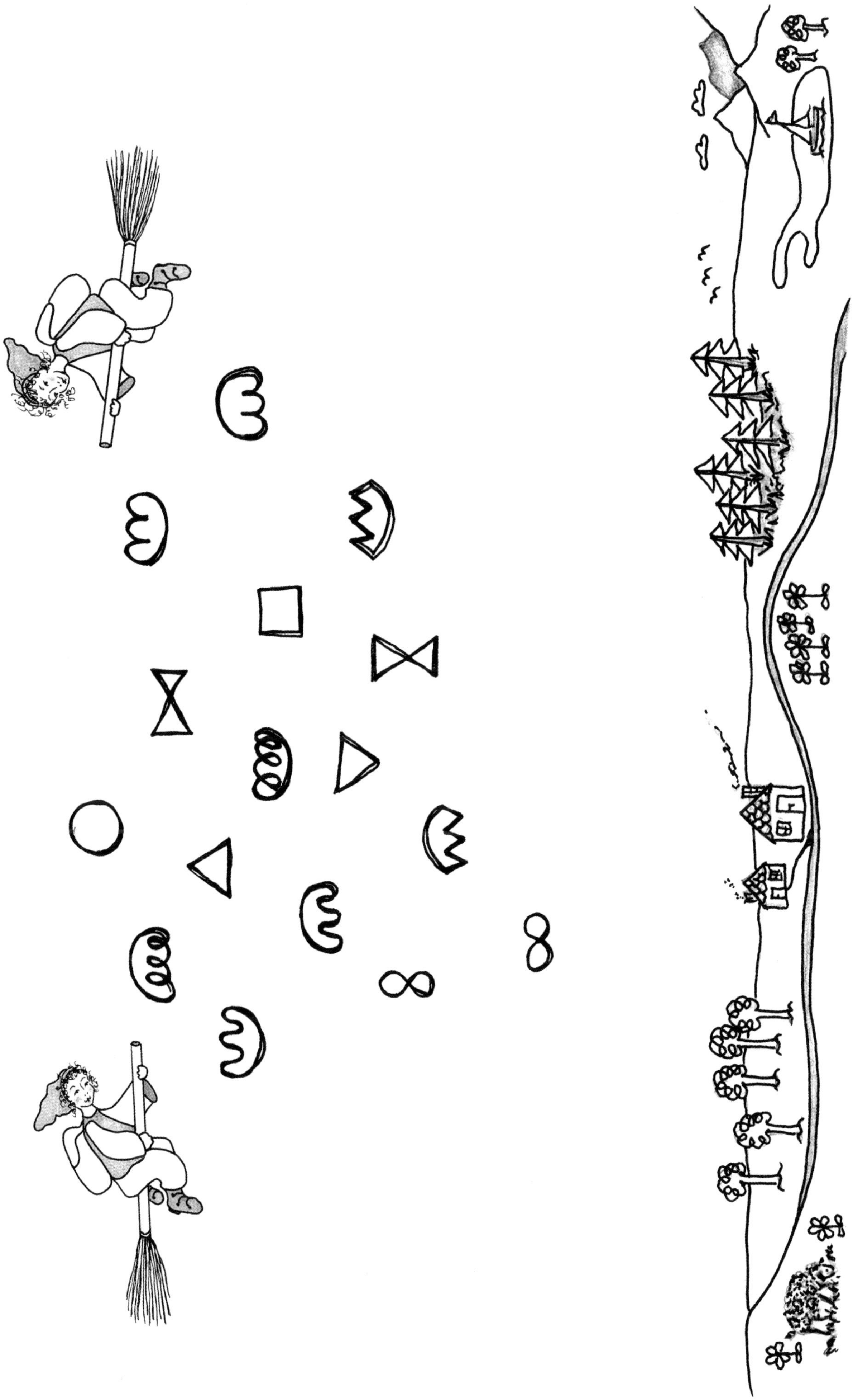

2.3 Landschaften

Um ihren weiten Schulweg zu finden und sich in fremden Gegenden nicht zu verirren, üben die Zaubererkinder, über verschiedene Landschaften zu fliegen.

25. Landschaften: Über die Berge

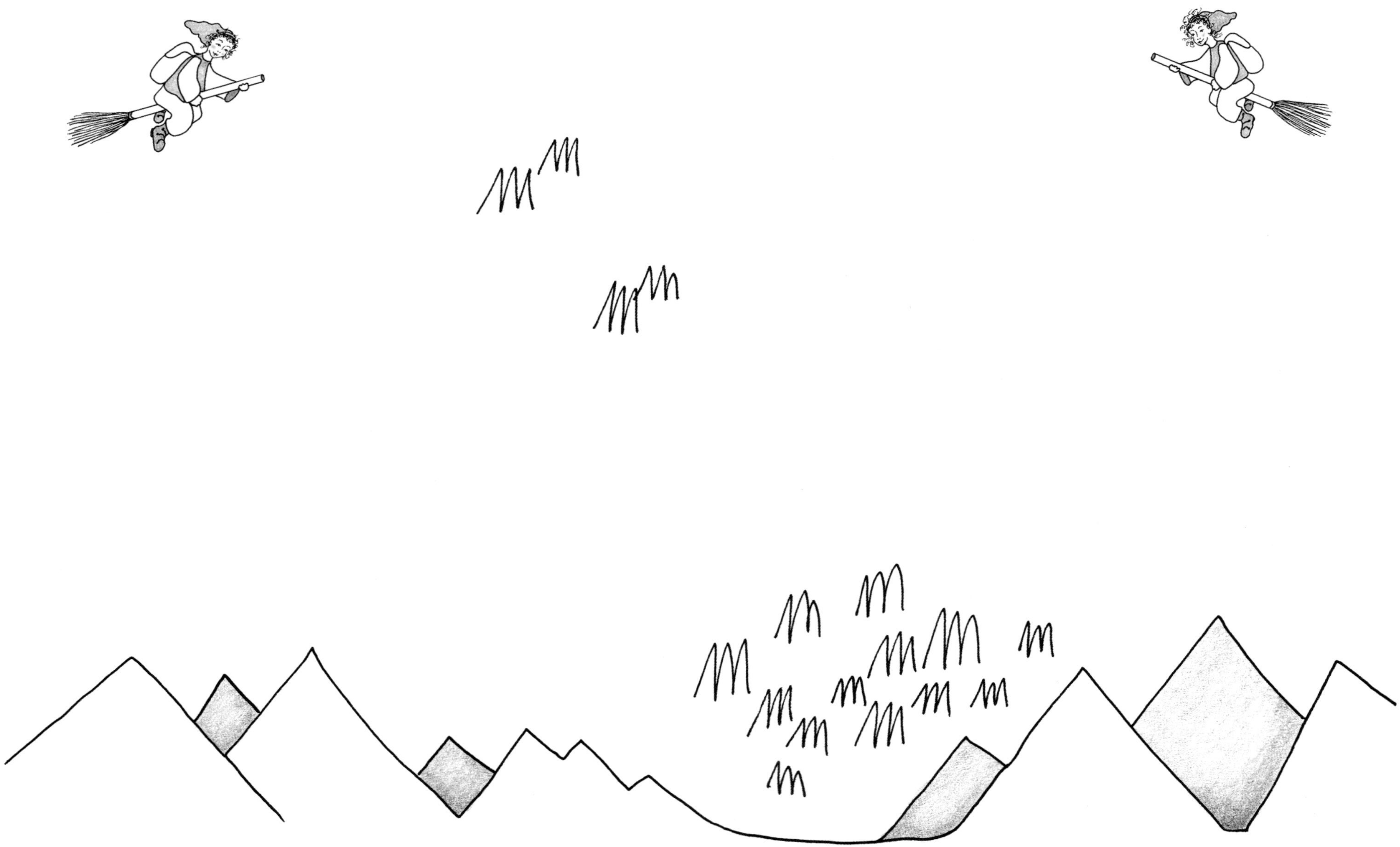

26. Landschaften: Über die Blumenwiese

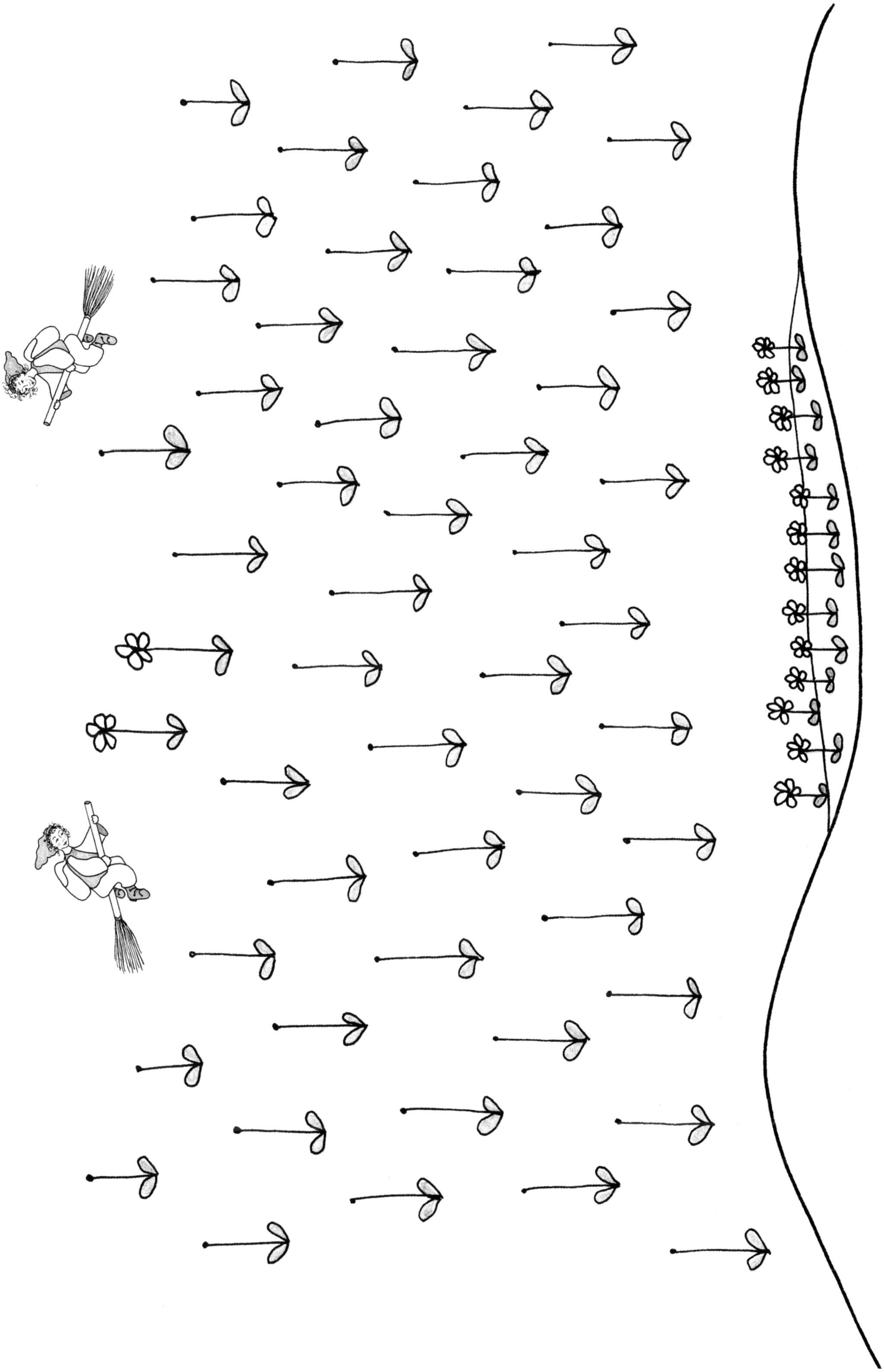

27. Landschaften: Über die Obstwiese

28. Landschaften: Über die Dörfer

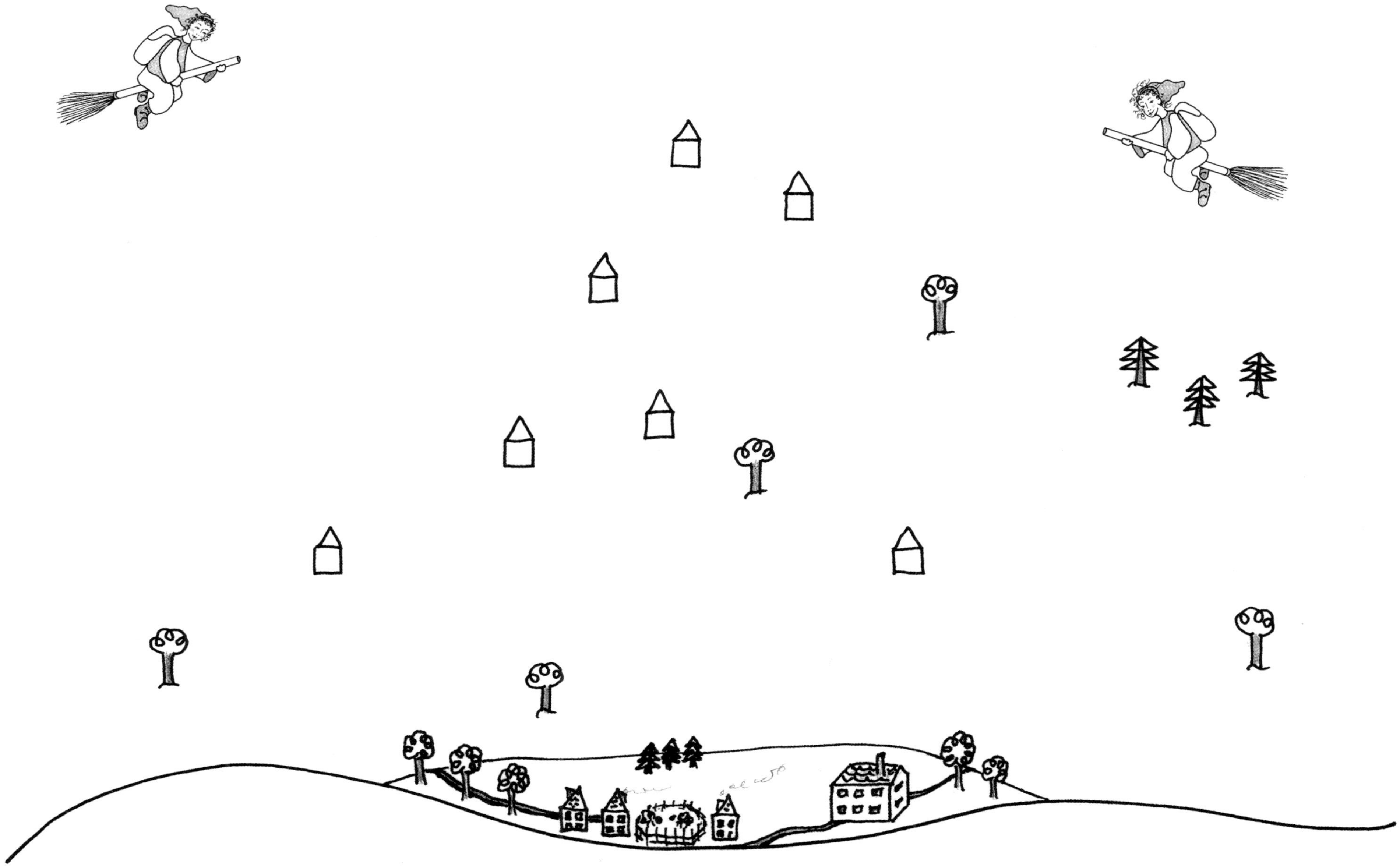

29. Landschaften: Über die Stadt

30. Landschaften: Über die Schafweide

31. Landschaften: Über`s Getreidefeld

32. Landschaften: Über den Laubwald

33. Landschaften: Über den Tannenwald

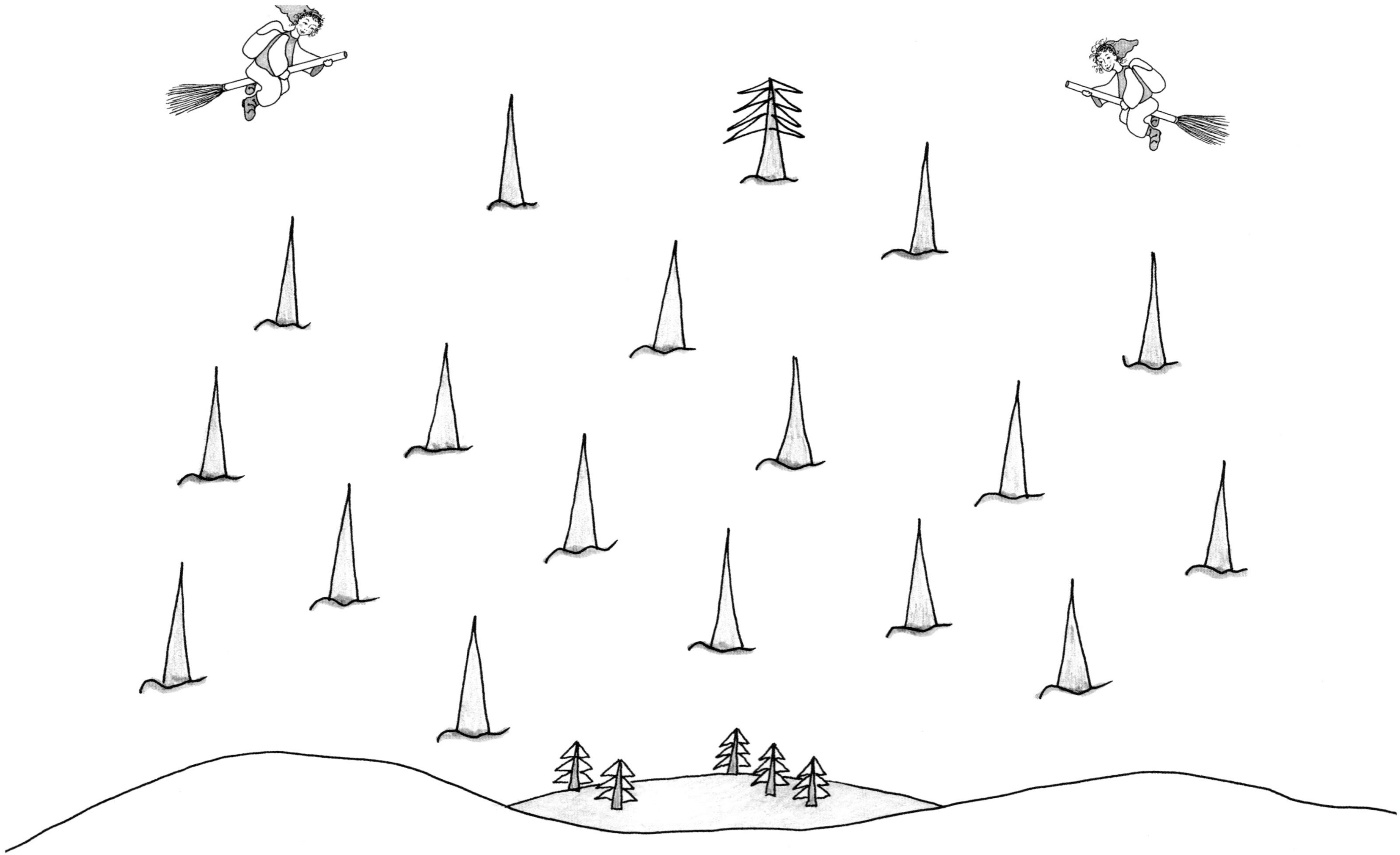

34. Landschaften: Über den See

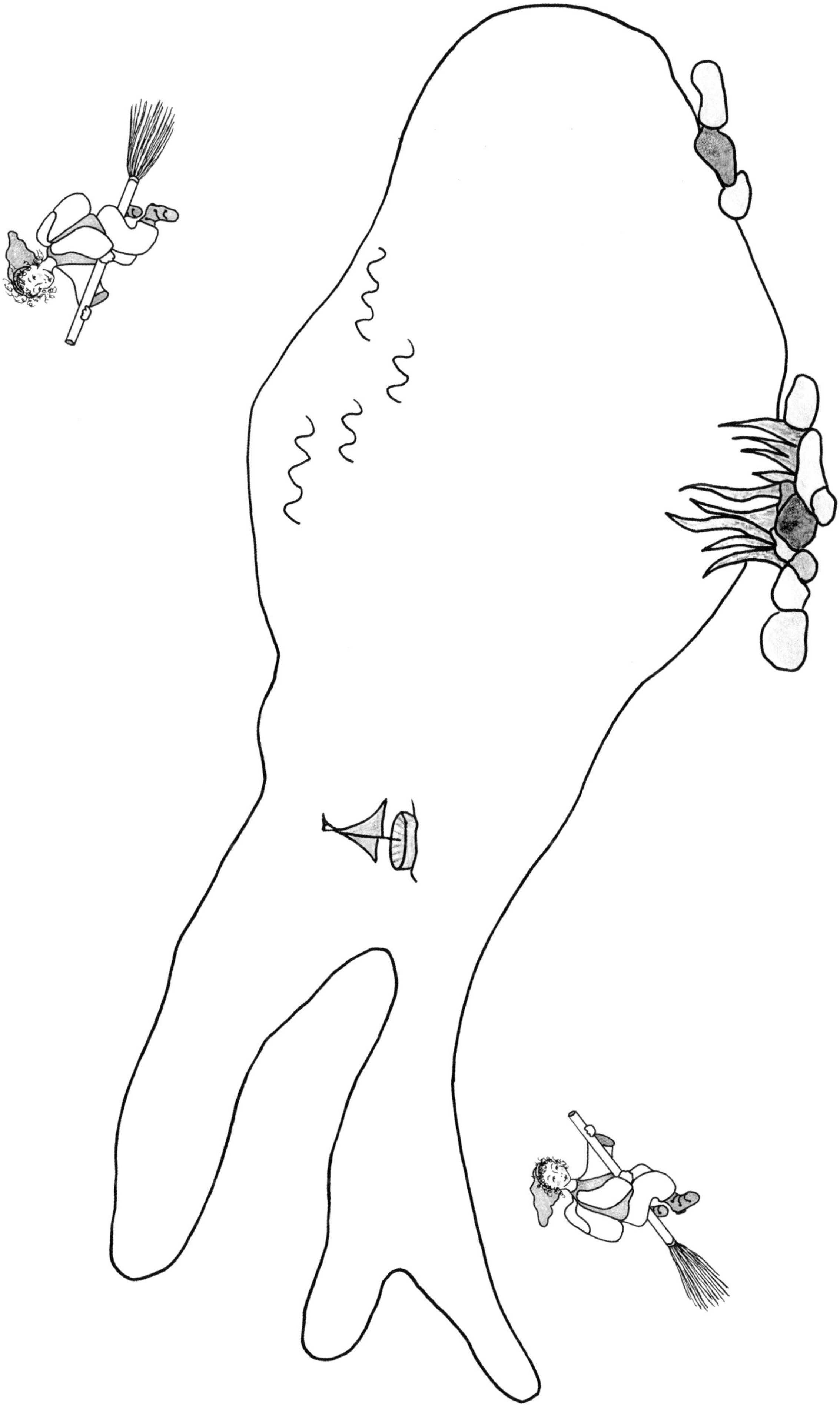

2.4 Wetter

Auch das Fliegen bei unterschiedlichem Wetter und in der Dunkelheit ist eine Übungssache.

So kommen die Kinder auch im Nebel oder Wirbelsturm sicher wieder nach Hause zurück.

35. Wetter: Durch die Wolken

36. Wetter: Unter'm Sternenhimmel

37. Wetter: Durch den Schnee

38. Wetter: Durch den Hagel

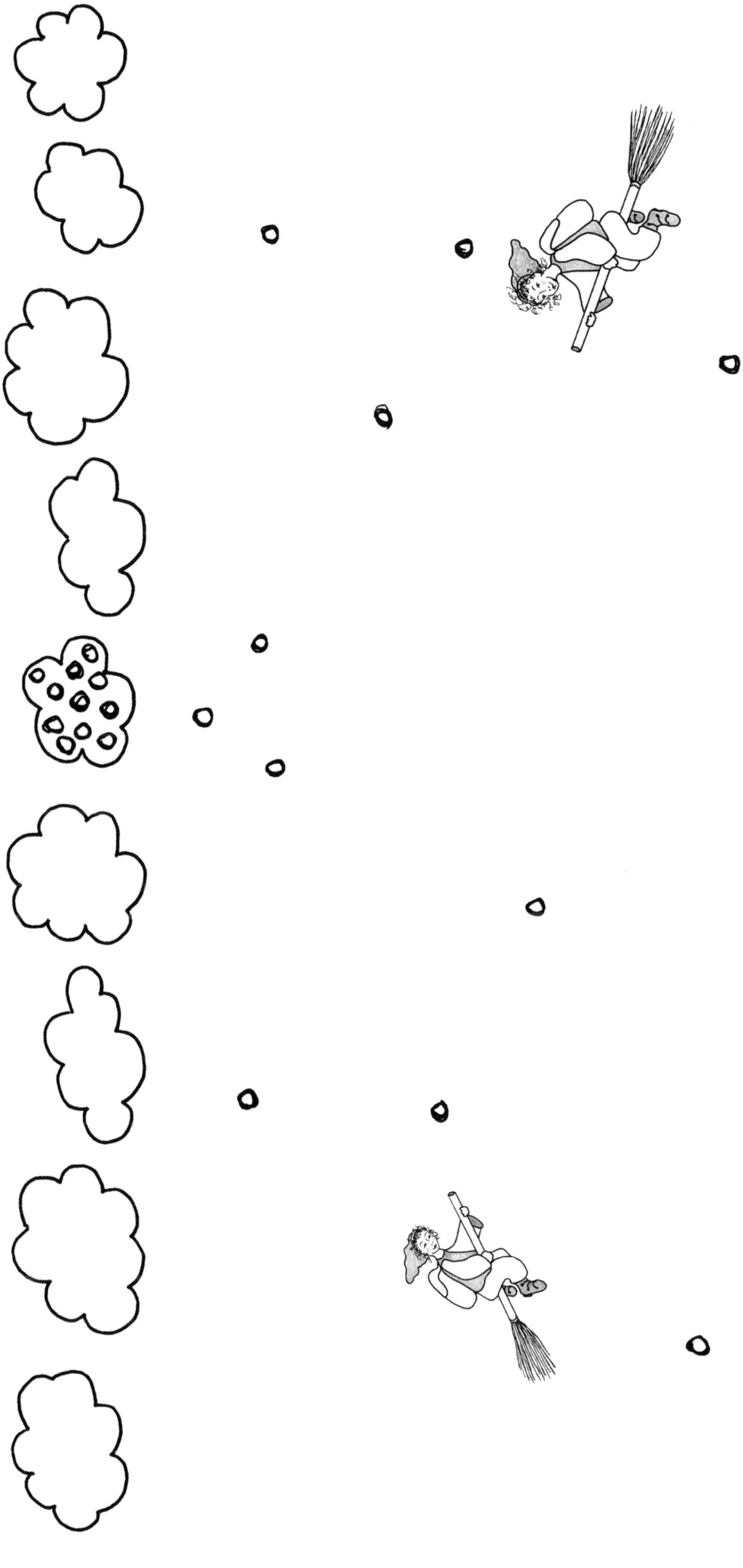

39. Wetter: Durch die Blitze

40. Wetter: Durch die Dunkelheit

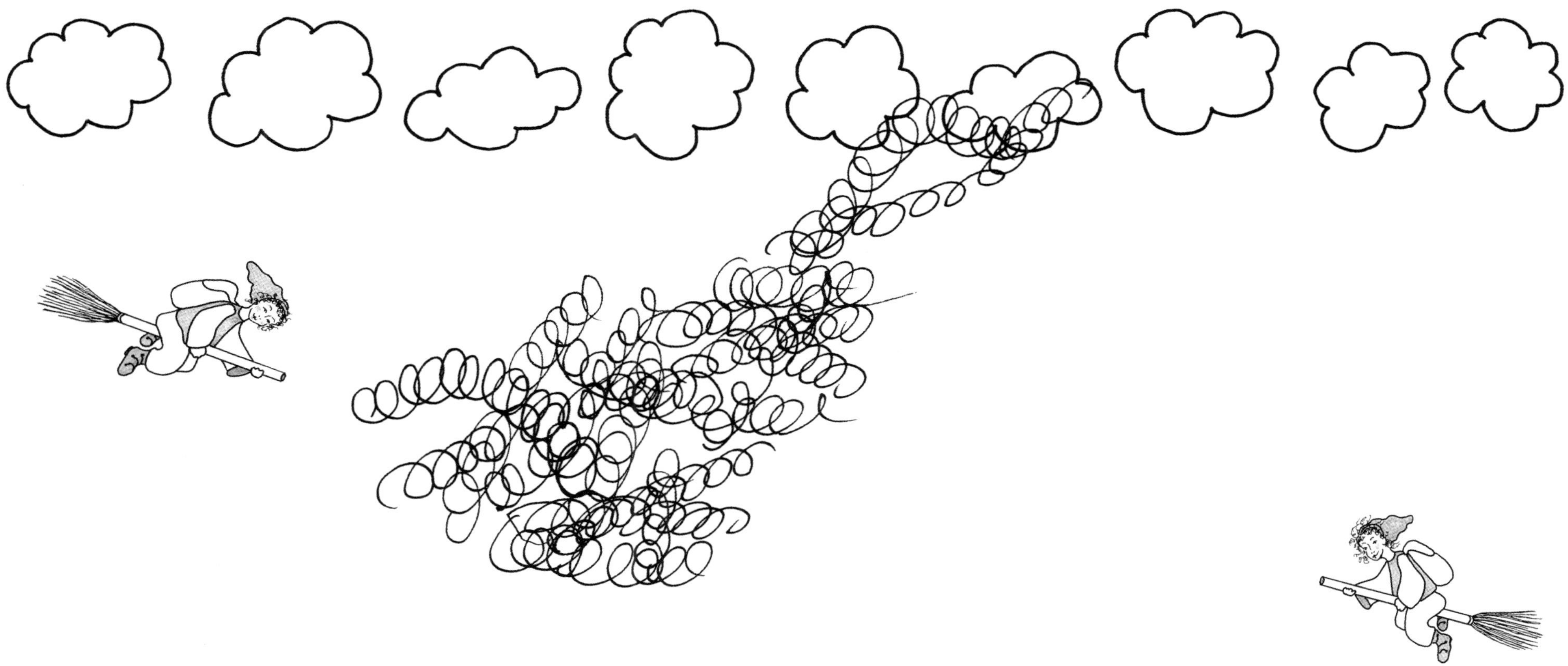

41. Wetter: Durch den Nebel

42. Wetter: Durch den Wirbelsturm

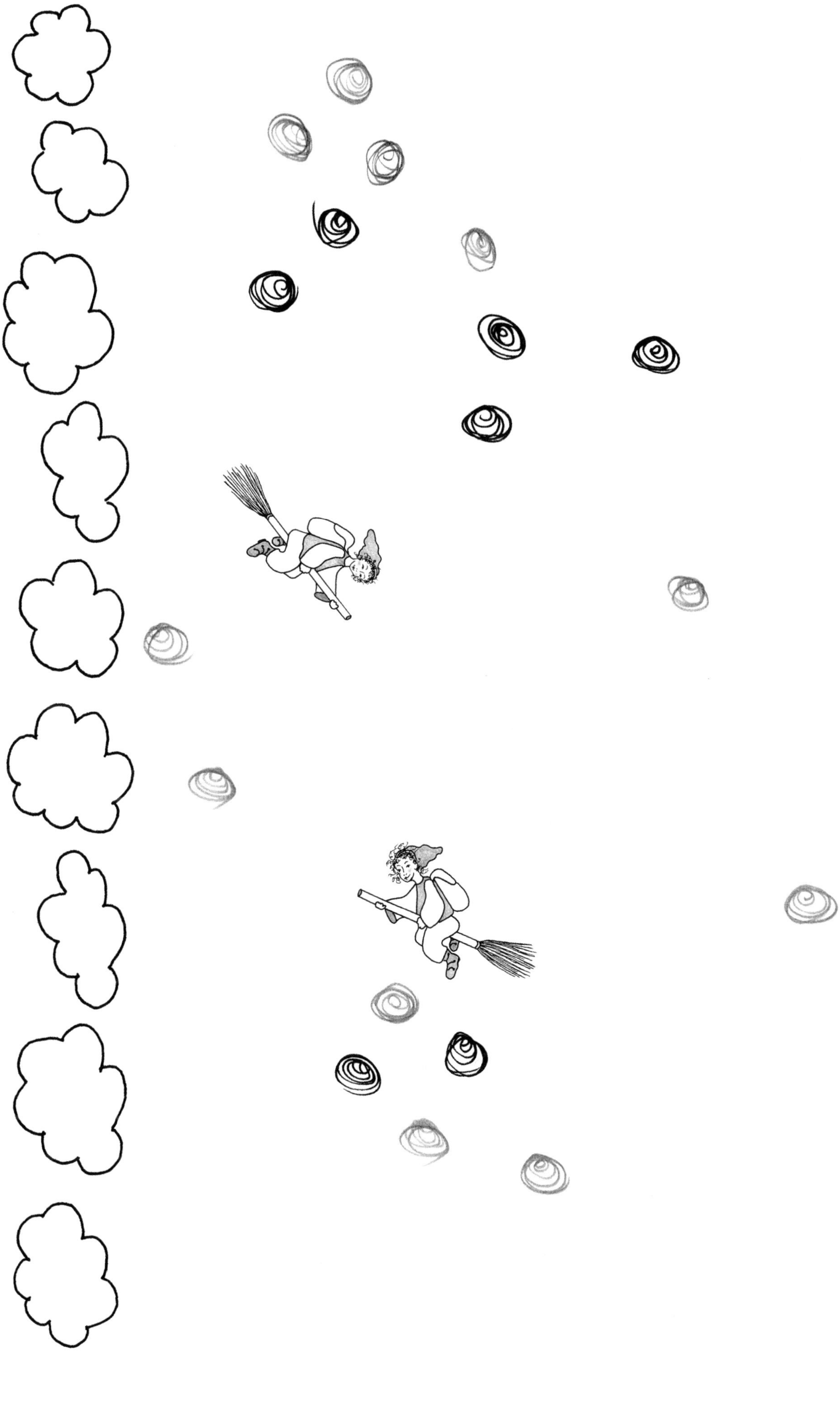

43. Wetter: Durch großes Unwetter

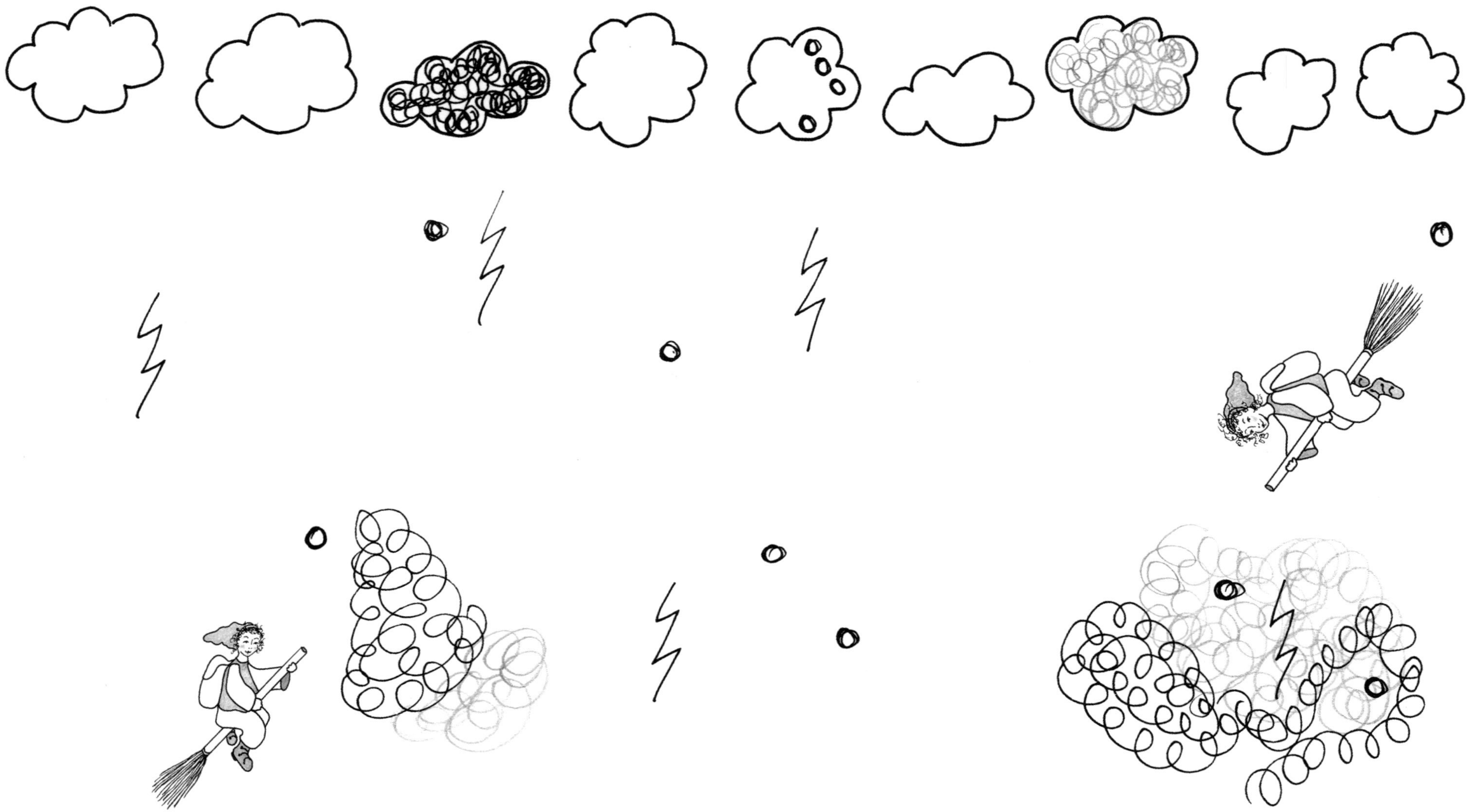

2.5 Die Zaubererkinder lernen schreiben

Emilyx und Liox freuen sich sehr auf die Schule und wollen unbedingt Zauberzeichen schreiben und lesen lernen, damit sie die Zauberbücher ihrer Eltern selbst lesen und eigene Zaubertricks aufschreiben können.

Nach einiger Übung können sie bereits Zaubersprüche schreiben.

44. Zauberzeichen: Dreier-Raute gerade

45. Zauberzeichen: Dreier-Raute schräg

46. Zauberzeichen: Zwei Kreise ineinander

47. Zauberzeichen: Kreis mit Doppelstrich mittendurch gerade

48. Zauberzeichen: Kreis mit Doppelstrich mittendurch schräg

49. Zauberzeichen: Kreis mit Strichen außen

50. Zauberzeichen: Dreifache Kritzel gerade

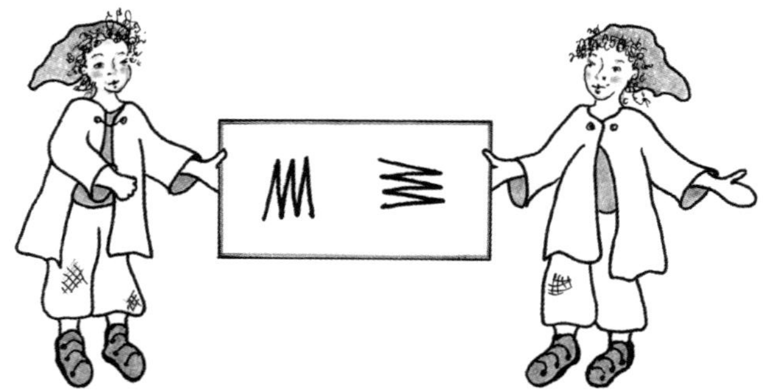

51. Zauberzeichen: Dreifache Kritzel schräg

52. Zauberzeichen: Spiralen von innen nach außen beide Richtungen

53. Zauberzeichen: Spiralen von außen nach innen beide Richtungen

54. Zauberzeichen: Reisigbündel nach oben / unten

55. Zauberzeichen: Reisigbündel nach rechts / links

56. Zauberzeichen: Vierfache Kritzel größer- kleiner / kleiner- größer

57. Zaubersprüche: 1

58. Zaubersprüche: 2

59. Zaubersprüche: 3

60. Zaubersprüche: 4

61. Zaubersprüche: 5

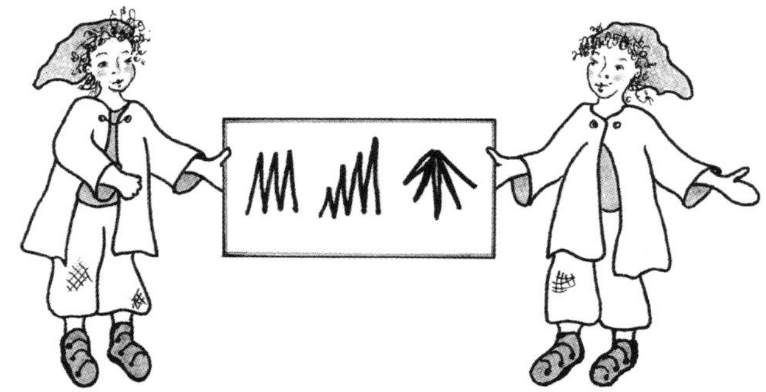

62. Zaubersprüche: 6

63. Zaubersprüche: 7

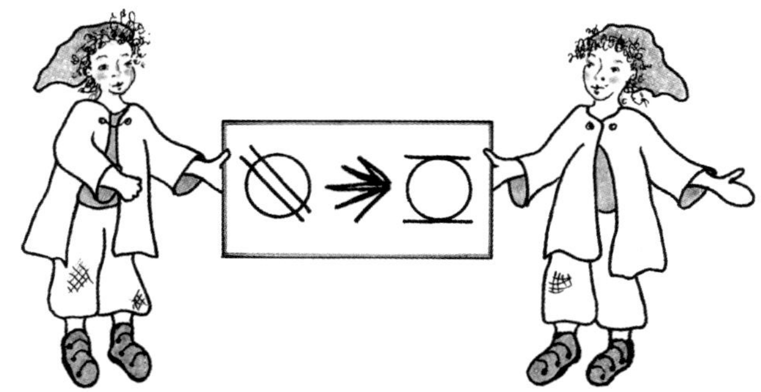

Raum für Notizen

Raum für Notizen

Raum für Notizen